KB085953

Python

예제로
배우는  OpenCV3.x

Gabriel Garrido Calvo · Prateek Joshi 지음
정성환 · 조보호 공역

홍릉과학출판사

OpenCV 3.x with Python By Example 2/E

Make the most of OpenCV and Python to build applications for object recognition and augmented reality,

by Gabriel Garrido Calvo and Prateek Joshi

First published in the English language under the title 'OpenCV 3.x with Python By Example (9781788396905)

Korean Translation Copyright © 2018 by HongReung Science Publishing Co.

The Korean edition was published by arrangement with Packt Publishing Ltd. through Agency-One, Seoul.

저자 소개

가브리엘 카리도 Gabriel Garrido

Telefonica, Trivago 및 Base7Booking과 같은 회사에서 웹 응용 프로그램을 개발하는 데 7년 이상의 경험을 쌓은 다방면의 다목적 소프트웨어 엔지니어이다. 그는 스페인 그라나다 대학에서 컴퓨터과학 학위를 취득했다.

그는 코딩에 열정을 가지고 있으며, 컴퓨터비전, 인공지능 및 증강현실과 같은 기술을 기반으로 한 개인 프로젝트를 수행하는 데 집중하면서 여러 시간을 보낸다. Hackathons에 참여하는 것은 그의 취미 중 하나이다. 그는 Google Cardboard hackathon을 위한 베타 소프트웨어 구현과 TNOOZ hackathon의 여행 도우미에 대한 상을 받았다.

> "소프트웨어 업계에서 일하는 이 세월 동안 해킹의 놀라운 세계에서 내 지식과 경험을 향상시키는 데 도움을 준 나와 가까웠던 동료들 개개인에게 감사드린다."

프라티이크 조시 Prateek Joshi

인공지능 연구원이며, 8권의 출판된 저서의 저자 및 TEDx 연사이다. 그는 Forbes 30 Under 30, CNBC, TechCrunch, Silicon Valley Business Journal 및 기타 여러 간행물에 소개되었다. 그는 벤처 자금으로 설립된 실리콘 밸리 신생기업, 플루토 AI(Pluto AI)의 설립자로서, 물 시설을 위한 인텔리전스 플랫폼을 구축하고 있다. 그는 TEDx, Global Big Data Conference, 기계학습 개발자 컨퍼런스, 센서 엑스포(Sensors Expo) 등을 포함한 기술 및 기업 회의에 초청 연사로 참여했다. 그의 기술 블로그에는 200개국에서 160만 페이지 뷰가 있으며, 7,400명 이상의 팔로어가 있다. 그는 남캘리포니아 대학(University of Southern California)에서 인공지능 전문 석사학위를 취득했다. 그는 이전에 NVIDIA 및 Microsoft Research에서 근무했다. 그의 개인 웹사이트에서 그에 대한 자세한 정보를 얻을 수 있다.

감수자 소개

나렌 옐라블라 Naren Yellavula

개발자 커뮤니티에서 Naren Arya로 잘 알려져 있으며, 인도 뱅골 출신으로 Python과 Go 개발자이다. 그는 Citrix R & D India의 소프트웨어 엔지니어 2급으로 일하고 있으며, 전체 스택 개발자로서 단일 페이지 응용 프로그램 및 마이크로 서비스를 개발한다. 그는 유닉스 철학과 프로그래밍에 관한 블로그를 좋아한다. PyCon India 2015 및 2017과 같은 다양한 개발자 컨퍼런스에서 연사로도 활동 중이다. 컴퓨터 화면을 보지 않을 때는 책을 읽는 것을 즐긴다.

> "이 놀라운 책을 쓰는 것에 대한 열정으로 Prateek와 Gabriel에게 정말 감사드린다. 이 책은 컴퓨터비전과 인공지능에 관한 다양한 주제를 다룬다. 검토 과정의 초기 독자로서, 나는 이 책을 철저히 읽는 것을 즐겼다. 또한 편집팀이 책을 다듬고 개선하는 데 열심히 노력한 것을 진심으로 축하한다. 행운을 빈다!"

Packt가 당신 같은 작가를 찾고 있다.

Packt의 저자가되고 싶다면 authors.packtpub.com을 방문하여 오늘 신청하라. 우리는 수천 명의 개발자와 기술 전문가들과 함께 일해 왔다. 여러분이 글로벌 기술 커뮤니티와 그들의 통찰력을 공유하도록 돕는다. 일반적인 신청서를 작성할 수 있고, 저자를 모집하는 특정 주제에 대해 신청하거나 자신의 아이디어를 제출할 수도 있다.

옮긴이의 말

스마트폰의 급속한 보급으로 카메라로 사진을 찍는 것은 이제 일상적인 일이 되었습니다. 사진이나 비디오를 처리하기 위해 개발자가 모든 프로그램을 일일이 모두 작성한다는 것은 힘든 일입니다. 그러나 영상처리와 컴퓨터비전과 관련하여 잘 알려진 OpenCV 오픈소스 라이브러리가 제공되어, 이전에 힘들었던 프로그램 개발이 상대적으로 편리해 졌습니다. 또한 OpenCV은 C, C++, Python, MATLAB 인터페이스를 가지고 있고, 다양한 운영체제에서 지원되고 있습니다.

2016년 가을에 처음으로 "OpenCV with Python By Example"이란 책에 대한 홍릉과학출판사의 제안으로 옮긴이는 번역에 우연히 참여하게 되었습니다. 이번에는 OpenCV가 2.x 버전에서 OpenCV 3.x 버전으로 업데이트 되면서, 11장 기계학습과 인공신경망이 추가되는 등의 책 구성이 조정되었습니다. 옮긴이에게는 시간적 여유가 그리 많지 않은 시기였지만, 바뀐 내용들을 다시 재정리하였습니다.

영상처리와 컴퓨터비전과 관련된 전통적 알고리즘들 외에 최첨단 알고리즘들에 대해 OpenCV는 2,500개가 넘는 알고리즘을 가지고 있습니다. 예로서, 얼굴 검출과 인식, 영상들을 붙이는 스티칭, 영상검색 등 다양한 응용분야에 대한 라이브러리가 제공됩니다. 따라서 초보자가 이러한 응용을 직접 접하려면 오랜 학습 시간과 기술의 수준이 필요하지만, OpenCV-Python은 이러한 높은 장애물을 쉽게 건너 뛰어, 초보자들에게도 OpenCV를 미리 맛볼 수 있는 자리를 만들어 줍니다.

OpenCV-Python이 만들어준 멋진 자리에 초보자들이 쉽게 접근해, OpenCV 라이브러리를 활용해 본다는 것은 대단한 일입니다. 간단한 응용 데모들을 이 책의 본문을 따라 만들어 보는 과정을 통해, 사용자들은 자신감이 생기고 컴퓨터비전의 세계를 직접 경험해 볼 수 있는 더 없이 좋은 기회로 생각됩니다.

다시 한번 "번역은 제2의 창작이다", "번역은 저작보다 어렵다"는 다른 이들의 말을 실감하고 있습니다. 이번 기간에 입문도서를 수정 보완하면서, 실제 번역의 세계의 어려움을 몸으로 체감하고 있습니다. 가능하면 초보자들이 이해할 수 있도록 쉽게 번역하려고 나름대로 노력을 하였습니다만 부족한 점이 많을 것입니다. 독자들의 너그러운 양해를 구합니다.

끝으로 번역의 기회를 주신 홍릉과학출판사 우명찬 사장님과 송성환 부장 그리고 관계자 여러분께 감사드립니다.

– 2018년 봉림골에서... 옮긴이 대표 정성환 드림 –

이 저서는 2017년~2018년도 창원대학교 자율연구과제 연구비 지원으로 수행된 연구 결과임.

머리말

현대 기술에서 컴퓨터비전은 어디에서나 발견된다. Python 용 OpenCV는 컴퓨터비전 알고리즘을 실시간으로 수행 가능하게 한다. 강력한 컴퓨터의 발달로, 우리는 더 큰 처리 능력을 얻고 있다. 이러한 기술을 사용하여, 우리는 컴퓨터비전 응용들을 클라우드에 자연스럽게 통합할 수 있다. 웹 개발자들은 쓸데없이 시간을 낭비하지 않고, 복잡한 응용들을 개발할 수 있다. 이 책은 OpenCV의 여러 함수들과 그들의 실제적 구현에 대해 안내하면서, 다른 수준에서 다양한 예제들을 다루는 실용적 지침서이다.

이 책의 독자

이 책은 OpenCV의 초보자이면서 OpenCV-Python으로 컴퓨터비전 응용들을 개발하려는 Python 개발자들을 위해 저술되었다. 이 책은 컴퓨터비전 응용들을 클라우드에 전개하고자 하는 일반적인 소프트웨어 개발자에게도 또한 유용하다. 벡터, 매트릭스 등과 같은 기본 수학적 개념을 가지고 있으면 도움이 될 것이다.

책의 구성

1장, 영상에 기하학적 변환 적용. 기하학적 변환을 영상에 어떻게 적용하는지를 설명한다. 이 장에서 우리는 어파인 변환과 투상 변환을 논의한다. 그리고 사진에 기하학적 효과를 적용하기 위해 이들을 어떻게 사용할 수 있는지를 본다. 이 장은 Mac OS, 리눅스, 윈도우와 같은 다양한 플랫폼 위에 OpenCV-Python을 설치하는 절차로 시작한다. 또한 크기 조정, 컬러 공간 변환 등, 여러 가지 방법으로 영상을 다루는 방법을 배운다.

2장, 에지 탐지와 영상 필터의 적용. 기본적인 영상처리 연산자 사용 방법을 보인다. 그리고 우리가 보다 큰 프로젝트를 만들 때, 그들을 어떻게 사용할 수 있는지를 보인다. 우리는 왜 에지 탐지가 필요한지와 컴퓨터비전 응용들에서 어떻게 사용할 수 있는지를 논의한다. 영상 필터링과 그것을 사진에 시각적 효과를 위해 어떻게 사용할 수 있는지를 논의할 것이다.

3장, 영상의 카툰화. 영상 필터와 다른 변환들을 사용해 주어진 영상을 카툰화하는 방법을 보인다. 우리는 비디오 스트림을 캡처하기 위해 웹캠을 사용하는 방법을 보일 것이다. 실시간 응용을 만드는 방법을 논의할 것이며, 스트림의 각 프레임에서 정보를 추출하며, 그 결과를 출력한다.

4장, 신체 부위의 탐지와 추적. 비디오 스트림에서 얼굴을 탐지하고 추적하는 방법을 보여준다. 우리는 얼굴 탐지 파이프라인을 논의하고, 그것을 눈, 귀, 입과 같은 신체 다른 부위를 탐지하고 추적하기 위해 어떻게 사용할 수 있는지를 보여준다.

5장, 영상의 특징 추출. 영상에서 키포인트라 불리는 주요점들을 탐지하는 것에 관한 내용이다. 우리는 주요점이 왜 중요한지와 영상의 내용을 이해하기 위해 어떻게 그들을 사용할 수 있는지를 논의할 것이다. 영상에서 주요점들을 탐지하고, 특징을 추출하기 위해 사용될 수 있는 다른 기술들에 대해서도 논의할 것이다.

6장, 심 카빙. 내용-인지 영상 크기조정을 하는 방법을 보여준다. 영상에서 흥미 있는 부분을 탐지하는 방법을 논의하고, 흥미 있는 부분을 훼손하지 않고 주어진 영상의 크기를 조정할 수 있는 방법을 보여준다.

7장, 형상검출과 영상분할. 영상분할하는 방법을 보인다. 우리는 최상의 방법으로 주어진 영상을 그 구성 부분들로 나누는 방법을 논의할 것이다. 또한 영상에서 포그라운드를 백그라운드로부터 분리하는 방법을 배우게 될 것이다.

8장, 객체추적. 비디오 스트림에서 다른 객체들을 추적하는 방법을 보여준다. 이 장의 끝에, 당신은 웹캠으로 캡처되는 비디오 스트림에서 어떠한 객체도 추적할 수 있게 될 것이다.

9장, 객체인식. 객체인식 시스템을 만드는 방법을 보인다. 우리는 시각적 검색 엔진을 만들기 위해 이 지식을 사용하는 방법을 논의할 것이다.

10장, 증강현실. 증강현실을 만드는 방법을 배운다. 이 장의 끝에, 당신은 웹캠을 사용하여 재미있는 증강 현실 프로젝트를 만들 수 있게 될 것이다.

11장, 기계학습과 인공신경망. 최신 OpenCV 구현을 사용하여 고급 영상 분류자 및 객체인식을 작성하는 방법을 보여준다. 이 장의 마지막 부분에서는 신경망의 작동 방식과 기계학습에 적용하여 고급 영상 도구를 구축하는 방법을 이해할 수 있다.

필요한 스프트웨어

- OpenCV 3.1 혹은 상위 버전
- numpy 1.13 혹은 상위 버전
- scipy 1.0 혹은 상위 버전
- scikit-learn 0.19 혹은 상위 버전
- pickleshare 0.7 혹은 상위 버전

요구되는 하드웨어 사양은 최소 8GB RDDR3 RAM를 가진 컴퓨터이다.

예제 코드 파일 다운로드

이 책에 있는 예제 코드 파일에 대해 http://www.packtpub.com에 있는 당신의 계정으로부터 다운로드 할 수 있다. 만일 당신이 다른 어떤 곳에서 이 책을 구입했다면 http://www.packtpub.com/support를 방문하여 등록하면, 파일을 이메일로 직접 받을 수 있다.

다음 단계에 따라 코드 파일을 다운로드 할 수 있다.

1. www.packtpub.com에 로그인하거나 등록하라.
2. SUPPORT 탭을 선택하라.
3. Code Downloads & Errata를 클릭하라.
4. 검색 상자에 책의 이름을 입력하고 화면의 지시를 따른다.

파일을 다운로드하고 나면, 다음의 최신 버전을 사용하여 폴더의 압축을 해제하라.

- Windows 용 WinRAR/7-Zip
- Mac 용 Zipeg/iZip/UnRarX
- Linux 용 7-Zip/PeaZip

책의 코드 번들은 GitHub에서도 호스팅된다. https://github.com/PacktPublishing/OpenCV-3-x-with-Python-By-Example. 우리는 https://github.com/PacktPublishing/에서 제공되는 다양한 도서 및 비디오 카탈로그에서 다른 코드 번들을 보유하고 있다. 한번 보라!

컬러 영상의 다운로드

우리는 또한 이 책에서 사용된 스크린 샷이나 다이아그램의 컬러 영상을 담고 있는 PDF 파일을 당신에게 제공한다. 당신은 이 파일을 다음에서 다운로드 할 수 있다.

http://www.packtpub.com/sites/default/files/downloads/
OpenCV3xwithPythonByExample_ColorImages.pdf.

사용 형식

이 책 전체에 사용된 많은 텍스트 규칙이 있다.

CodeInText: 텍스트의 코드 단어, 데이터베이스 테이블 이름, 폴더 이름, 파일 이름, 파일 확장명, 경로 이름, 더미 URL, 사용자 입력 및 Twitter 핸들을 나타낸다. 다음은 예제이다. "imwrite() 메서드는 회색 음영 이미지를 output.png라는 출력 파일로 저장한다."

코드의 블록은 다음과 같이 나타낸다.

```
import cv2
img = cv2.imread('images/input.jpg')
cv2.imwrite('images/output.png', img, [cv2.IMWRITE_PNG_COMPRESSION])
```

코드 블록의 특정 부분에 주의를 환기하고자 할 때는 관련 줄이나 항목을 굵게 표시한다.

```
import cv2
img = cv2.imread('images/input.jpg')
cv2.imwrite('images/output.png', img, [cv2.IMWRITE_PNG_COMPRESSION])
```

명령 행 입력 또는 출력은 다음과 같이 작성된다.

```
$ pip install numpy
```

굵게: 새 용어, 중요한 단어 또는 화면에 표시되는 단어를 나타낸다. 예를 들어, 메뉴나 대화 상자의 단어가 이와 같이 텍스트에 나타난다.

다음은 그 예이다. "**RGB**: 아마 가장 인기 있는 색 공간, 빨강, 초록, 파랑을 의미한다."

 경고 또는 중요한 메모가 이렇게 보인다.

 팁과 트릭은 이같이 보인다.

연락하기

독자로부터 피드백은 항상 환영한다.

일반적인 피드백: feedback@packtpub.com으로 전자 메일을 보내면서, 귀하의 메시지 제목에 책 제목을 언급하시오. 이 책의 내용에 대해 궁금한 사항이 있으면 questions@packtpub.com으로 전자 메일을 보내주세요.

정오표: 콘텐츠의 정확성을 기하기 위해 모든 노력을 기울였지만 실수는 발생한다. 이 책에서 실수를 발견한 경우, 이를 우리에게 보고 해주시면 감사하겠다. www.packtpub.com/submit-errata를 방문하세요. 도서를 선택하고 에라타(errata) 제출 양식 링크를 클릭 한 다음, 세부 정보를 입력하세요.

불법 복제: 인터넷상의 어떤 형태로든 불법 복제물을 발견하면, 주소나 웹 사이트 이름을 알려 주시면 감사하겠습니다. 자료에 대한 링크가 있으면 copyright@packtpub.com으로 연락하세요.

저자가 되기 위해 관심이 있는 경우: 전문 지식이 있는 주제가 있고, 서적을 쓰거나 책에 기여하고 싶다면 다음 사이트를 방문하세요. authors.packtpub.com.

리뷰

리뷰를 남겨주세요. 이 책을 읽고 사용한 후, 구입한 사이트에서 리뷰를 남겨 보세요. 잠재적인 독자는 귀하의 편견 없는 의견을 보고 구매 결정을 내리는 데 사용한다. 우리는 Packt에서 귀하의 의견을 알 수 있으며, 저자는 그들의 책에 대한 귀하의 의견을 볼 수 있다. 고맙습니다!

Packt에 대한 자세한 내용은 packtpub.com을 참조하시오.

목차

Chapter 04 신체 부위의 탐지와 추적

Chapter 05 영상의 특징 추출

Chapter 06   심 카빙

Chapter 07   형상검출과 영상분할

Chapter 11 　기계학습과 인공신경망

영상에 기하학적 변환 적용

1장에서 다루는 학습 내용

- OpenCV-Python 설치 방법
- 영상 읽기, 출력, 저장하기
- 컬러 공간 사이의 변환
- 이동, 회전, 크기 변환과 같은 기하학적 변환 적용 방법
- 재미나는 기하학적 효과를 적용하기 위한 어파인 및 투상 변환의 사용법

소개

이번 장에서는 영상에 기하학적 효과를 적용하는 방법을 배우려고 한다. 시작하기 전에, OpenCV-Python을 설치할 필요가 있다. 또한 필요한 라이브러리들을 컴파일하고 설치하는 방법을 논의할 것이다.

OpenCV-Python 설치

이 절에서는 OpenCV 3.X를 Python 2.7과 함께 다양한 플랫폼에 설치하는 방법을 설명한다. 원하는 경우, OpenCV 3.X는 Python 3.X 사용을 지원하며, 이 설명서의 예제와 완벽하게 호환된다. 이 책의 예제가 해당 Linux OS에서 테스트되었으므로 Linux를 사용하는 것을 권한다.

Windows

OpenCV-Python을 수행하기 위해 다음의 단계를 수행해야 한다.

1. Python 설치: 컴퓨터에 Python 2.7x가 설치되어 있는지를 확인하라. 만일 안 되어 있다면, `https://www.python.org/downloads/windows/`로부터 다운받아 설치할 수 있다.

2. Numpy 설치: Numpy는 Python에서 수치 계산을 위한 멋진 패키지이다. 이것은 매우 강력하며, 다양한 함수들을 가지고 있다. OpenCV-Python은 Numpy와 함께 잘 동작하며, 이 책에서 앞으로 이 패키지를 많이 사용할 것이다. 최신 Numpy를 아래 위치에서 다운 받아 설치할 수 있다. `http://sourceforge.net/projects/numpy/files/NumPy/`

일단 Python과 Numpy를 설치했다면, 이들이 잘 작동하는지를 확인할 필요가 있다. Python shell을 열고 다음을 타이핑하여라.

```
>>> import numpy
```

만일 설치가 정상적이라면, 오류가 나지 않아야 한다. 일단 이것을 확인했다면, 다음 사이트에서 OpenCV 최신 버전을 다운로드 할 수 있다. `http://opencv.org/download.html`.

다운로드를 완료했다면, 더블-클릭해서 설치하라. 다음과 같이 변경할 필요가 있다.

1. `opencv/build/python/2.7/`로 이동해 가라.
2. `cv2.pyd` 파일을 찾아서, 이 파일을 `C:/Python27/lib/site-packages`로 복사하라.

이젠 다 되었다! OpenCV가 동작하는지를 확인하자. Python shell을 열고, 다음을 타이핑하라.

```
>>> import cv2
```

만일 어떤 오류도 생기지 않는다면, 이제 OpenCV-Python을 사용할 준비가 되었다.

Mac OS X

OpenCV-Python을 사용하기 위해 당신은 Homebrew를 사용하게 될 것이다. Homebrew는 mac OS X를 위한 멋진 패키지 메니저이다. 이것은 mac OS X의 다양한 라이브러리나 유틸리티를 설치할 때 같이 따라오는 것이다. 만일 Homebrew가 없다면, 다음 명령을 터미널에서 실행하여 그것을 설치할 수 있다.

```
$ ruby -e "$(curl -fsSL
https://raw.githubusercontent.com/Homebrew/install/master/install)"
```

비록 OS X가 Phyton을 가지고 있지만, 편리함을 위해 Homebrew를 사용한 Python을 설치할 필요가 있다. 이러한 버전은 Brewed Python이라고 부른다. 일단 Homebrew를 설치한 다음에는 터미널에 다음 명령어를 입력해 보아라.

```
$ brew install python
```

이것은 자동적으로 pip를 또한 설치한다. Pip는 Python 패키지를 설치하는 패키지 관리도구이다. 이것을 사용하여 다른 패키지들을 설치할 것이다. brewed Python 이 잘 동작하는지를 확인해 보자. 터미널에서 다음을 타이핑 해보라.

```
$ which python
```

터미널에 /user/local/bin/python이 출력되는 것을 볼 수 있다. 이것은 당신이 내장된 Python이 아니라 brewed Python을 사용하고 있다는 것이다. 이제 우리는 brewed Python을 설치했다. 이제 가서 리파지토리에 OpenCV가 위치하고 있는 homebrew/science를 더하자. 그리고 터미널을 열고 다음 명령을 수행하자.

```
$ brew tap homebrew/science
```

패키지 Numpy가 설치되었는지를 확인하자. 만일 되지 않았다면, 터미널에서 다음을 수행하라.

```
$ pip install numpy
```

이제 OpenCV를 설치할 준비가 되었다. 터미널에 다음 명령어를 수행하라.

```
$ brew install opencv --with-tbb --with-opengl
```

OpenCV가 당신의 컴퓨터에 설치되고, 당신은 /usr/local/Cellsr/opencv/3.1.0/ 를 발견할 수 있다. 그러나 아직 사용할 수는 없다. 우리는 Python에게 OpenCV 패키지가 어디에 있는지를 알려줄 필요가 있다. 그럼 가서 OpenCV 파일을 symlinking 하자. 터미널에 다음 명령을 수행하라.

```
$ cd /Library/Python/2.7/site-packages/
$ ln -s /usr/local/Cellar/opencv/3.1.0/lib/python2.7/site-packages/cv.py
cv.py
$ ln -s /usr/local/Cellar/opencv/3.1.0/lib/python2.7/site-packages/cv2.so
cv2.so
```

모든 것이 되었다. 적절하게 설치되었는지 살펴보자. Python cell을 열어 다음을 타이핑하라.

```
> import cv2
```

만일 설치가 잘 되었다면, 어떤 오류도 나타나지 않을 것이다. 이제 Python으로 OpenCV를 사용할 준비가 되었다.

가상 환경에서 OpenCV를 사용하려면, 가상 환경 절의 지침에 따라 macOS X의 각 명령에 약간의 변경 사항을 적용하면 된다.

Linux(Ubuntu 용)

먼저, OS 요구사항을 설치할 필요가 있다.

```
[compiler]  $ sudo apt-get install build-essential
[required]  $ sudo apt-get install cmake git libgtk2.0-dev pkg-config
              libavcodec-dev libavformat-dev libswscale-dev git
              libgstreamer0.10-dev libv4l-dev
[optional]  $ sudo apt-get install python-dev python-numpy libtbb2
              libtbb-dev libjpeg-dev libpng-dev libtiff-dev libjasper-dev
              libdc1394-22-dev
```

OS 요구 사항이 설치되면, 최신 버전을 다운로드하고 컴파일 해야 한다. 버전의 OpenCV와 함께 다음 코드 샘플을 구현할 수 있도록 지원되는 여러 플래그가 있다. 여기 버전 3.3.0을 설치할 예정이다.

```
$ mkdir ~/opencv
$ git clone -b 3.3.0 https://github.com/opencv/opencv.git opencv
$ cd opencv
$ git clone https://github.com/opencv/opencv_contrib. git opencv_contrib
$ mkdir release
$ cd release
$ cmake -D CMAKE_BUILD_TYPE=RELEASE -D CMAKE_INSTALL_PREFIX=/usr/local -D
INSTALL_PYTHON_EXAMPLES=ON -D INSTALL_C_EXAMPLES=OFF -D
OPENCV_EXTRA_MODULES_PATH=~/opencv/opencv_contrib/modules -D
BUILD_PYTHON_SUPPORT=ON -D WITH_XINE=ON -D WITH_OPENGL=ON -D WITH_TBB=ON -D
WITH_EIGEN=ON -D BUILD_EXAMPLES=ON -D BUILD_NEW_PYTHON_SUPPORT=ON -D
WITH_V4L=ON -D BUILD_EXAMPLES=ON ../
$ make -j4 ; echo 'Running in 4 jobs'
$ sudo make install
```

Python 3을 사용하고 있다면, 다음 명령에서 볼 수 있듯이 -D + 플래그를 함께 사용하라:

```
cmake -DCMAKE_BUILD_TYPE=RELEASE....
```

가상 환경

가상 환경을 사용하여 테스트 환경을 나머지 OS와 완전히 별도로 유지하는 경우, 이 자습서를 수행하여 **virtualenvwrapper**라는 도구를 설치할 수 있다:
https://virtualenvwrapper.readthedocs.io/en/latest/.

이 **virtualenv** 상에 OpenCV를 수행하려면, NumPy 패키지를 설치할 필요가 있다.

```
$ (virtual_env) pip install numpy
```

위의 모든 단계를 거친 후 cmake가 컴파일시 다음 세 플래그를 추가한다(CMAKE_INSTALL_PREFIX 플래그가 재정의됨에 유의하라).

```
$(<env_name>) > cmake ...
```

```
-D CMAKE_INSTALL_PREFIX=~/.virtualenvs/<env_name>   \
-D PYTHON_EXECUTABLE=~/.virtualenvs/<env_name>/bin/python
-D PYTHON_PACKAGES_PATH=~/.virtualenvs/<env_name>/lib/python<version>/
sitepackages
...
```

올바르게 설치되었는지 확인하라. Python 셸을 열고 다음을 입력하라.

```
> import cv2
```

만일 오류가 없다면, 잘 되고 있는 것이다.

문제 해결

cv2 라이브러리를 찾을 수 없으면, 라이브러리가 컴파일된 위치를 식별하라. `/usr/local/lib/python2.7/site-packages/cv2.so`에 위치해야 한다. 그렇다면 Python 버전이 저장된 하나의 패키지와 일치하는지 확인하라. 그렇지 않으면 virtualenvs를 포함하여 파이썬의 해당 `site-packages` 폴더로 이동하라.

cmake 명령을 실행하는 동안 `-DMAKE ...` 및 나머지 `-D` 줄을 결합하라. 또한 컴파일 프로세스 중에 실행이 실패하면 일부 라이브러리가 OS 초기 요구 사항에서 누락될 수 있다. 모두 설치했는지 확인하라.

다음 웹 사이트에서 Linux상에 OpenCV의 최신 버전을 설치하는 방법에 대한 공식 자습서를 찾을 수 있다: `http://docs.opencv.org/trunk/d7/d9f/tutorial_linux_install.html`.

Python 3을 사용하여 컴파일 하려고 하고 `cv2.so`가 설치되어 있지 않은 경우, 설치된 OS 의존성 Python 3 및 NumPy를 확인하라.

OpenCV 설명서

OpenCV 공식 문서는 `http://docs.opencv.org/`에 있다. 세 가지 문서 범주가 있다: Doxygen, Sphinx 및 Javadoc.

이 책에서 사용된 각 기능을 사용하는 방법을 더 잘 이해하기 위해, 이 문서 페이지 중 하나를 열고 이 예제에서 사용된 각 OpenCV 라이브러리 방법의 다양한 용도를 연구하는 것이 좋다. Doxygen 문서는 OpenCV 사용에 대한 보다 정확하고 확장된 정보를 제공한다.

영상 읽기, 디스플레이, 저장하기

OpenCV-Python에서 영상을 어떻게 로드 할 수 있는지를 보자. `first_progrma.py`란 이름의 파일을 생성하고, 적절한 편집기로 그것을 열어라. 현재 폴더에서 `images`란 이름의 폴드를 만들라. 그리고 폴드 안에 `input.jpg`란 이름의 영상을 하나 확보하라.

일단 그렇게 했다면, Python 프로그램에 다음을 입력하여라.

```
import cv2
img = cv2.imread('./images/input.jpg')
cv2.imshow('Input images', img)
cv2.waitKey()
```

만일 당신이 위의 프로그램을 수행한다면, 새로운 윈도우에 영상이 디스플레이 되는 것을 보게 될 것이다.

어떤 일이 생겼나?

앞에 코드를 자세히 한 라인씩 이해 해보자. 첫 라인에서, OpenCV 라이브러리를 임포팅한다. 코드에서 사용될 모든 함수들을 위해 이것이 필요하다. 둘째 라인에서, 영상을 읽고 그것을 변수에 저장한다. OpenCV는 영상을 저장하기 위해 NumPy 자료구조를 사용한다. 당신은 NumPy에 대해 더 많은 것을 `http://www.numpy.org`에서 배울 수 있다.

만일 당신이 Python shell을 열고, 다음을 타이핑하면, 터미널에 출력된 데이터 타입을 볼 수 있다.

```
> import cv2
> img = cv2.imread('./images/input.jpg')
> type(img)
<type 'numpy.ndarray'>
```

이제 다음 라인 코드는 새로운 윈도우에 영상을 디스플레이 하는 코드이다. `cv2.imshow`의 첫 인수인 'Input images'는 윈도우의 이름이다. 둘째 인수는 출력을 원하는 영상이다.

그리고 마지막 라인에 대하여 의문이 있을 것이다. 함수 `cv2.waitKey()`는 키보드 바인딩을 위해 OpenCV에서 사용된다. 이것은 인수로 숫자를 취하며, 그 수는 밀리세컨드(ms) 단위이다. 기본적으로 우리는 키보드 이벤트를 만나기까지 특정 시간을 기다리도록 하기 위해 이 함수를 사용한다. 프로그램은 이 시점에서 멈추고 키가 입력되기를 기다린다. 만일 인수로 0 이나 아무것도 전달하지 않는다면, 이 함수는 키보드 이벤트를 무한정 기다린다.

마지막 명령문인 cv2.waitKey(n)은 전단계에 로드된 영상의 렌더링을 수행한다. 렌더링 시간 (밀리 초)을 나타내는 숫자가 필요하다. 기본적으로 키보드 이벤트가 발생할 때까지 이 함수를 사용하여 지정된 시간 동안 기다린다. 프로그램은 이 시점에서 멈추고, 계속하기 위해 아무 키나 누르기를 기다린다. 인수를 전달하지 않거나 0을 인수로 전달하면, 이 함수는 키보드 이벤트를 무기한 대기한다.

● 영상의 로딩과 저장

OpenCV는 영상을 로딩하는 다양한 방법을 제공한다. 예로 그레이스케일 모드로 컬러 영상을 로드하길 원하다 하자. 다음의 몇 라인의 코드를 사용해 이것을 할 수 있다.

```
import cv2
gray_img = cv2.imread('images/input.jpg', cv2.IMREAD_GRAYSCALE)
cv2.imshow('Grayscale', gray_img)
cv2.waitKey()
```

여기서 그레이스케일 모드로 영상을 로드하기 위해 cv2.IMREAD_GRAYSCALE 플래그를 사용하고 있다. 당신은 새로운 윈도우에 영상이 디스플레이 되는 것을 볼 수 있다. 다음 그림이 입력 영상이다. 그리고 그 다음의 영상이 해당 그레이스케일 영상이다.

우리는 이 영상을 파일로 저장할 수 있다.

```
cv2.imwrite('images/output.jpg', gray_img)
```

이것은 그레이스케일 영상을 output.jpg란 이름의 출력파일로 저장한다. 이제 당신은 OpenCV에서 영상을 읽고, 디스플레이 하고, 저장하는 것에 익숙하게 해두라. 왜냐하면 이 책을 통해 이것을 여러 번 할 것이기 때문이다.

영상 포맷 변경

영상를 파일로 저장하고 원본 영상의 형식(format)을 PNG로 변경할 수 있다.

```
import cv2
img = cv2.imread('images/input.jpg')
cv2.imwrite('images/output.png', img, [cv2.IMWRITE_PNG_COMPRESSION])
```

imwrite() 메서드는 그레이스케일 영상을 output.png라는 출력 파일로 저장한다. 이 작업은 *ImwriteFlag* 및 cv2.IMWRITE_PNG_COMPRESSION으로 PNG 압축을 사용하여 수행된다. *ImwriteFlag*를 사용하면 출력 영상에서 형식 또는 영상 품질까지 변경이 가능하다.

영상 컬러 공간

컴퓨터비전과 영상처리에서, 컬러 공간은 컬러를 조직하는 특정한 방법을 언급한다. 실제로 컬러 공간은 두 가지를 합한 것이다: 컬러 모델과 매핑 함수. 우리가 컬러 모델을 원하는 이유는 화소값을 나타내는데 도움을 주기 때문이다. 매핑 함수는 컬러 모델과 나타낼 수 있는 모든 가능한 컬러의 집합을 매핑한다.

유용한 많은 다양한 컬러 공간이 있다. 좀 알려진 컬러 공간으로는 RGB, YUV, HSV, Lab 등이다. 각기 다른 컬러 공간은 다른 장점을 가지고 있다. 우리는 주어진 문제에 적합한 컬러 공간을 선택할 필요가 있다. 몇 개의 컬러 공간을 선택하여 제공하는 정보가 무엇인지 살펴보자.

- **RGB**: 가장 잘 알려진 컬러 공간이다. RGB는 Red, Green, 그리고 Blue를 나타낸다. 이 컬러 공간에서는 각 컬러가 Red, Green, Blue의 가중 합으로 나타난다. 그래서 각 화소값은 세 개의 숫자의 튜플(tuple)로 표시된다. 각 값의 범위는 0에서 255이다.

- **YUV**: 비록 RGB가 여러모로 유용하지만, 실생활 응용에서는 제한적인 경향이 있다. 사람들은 밝기 정보를 컬러 정보로부터 분리하기 위한 방법을 생각하기 시작하였다. 그 결과, YUV 컬러 공간이 생긴 것이다. Y는 밝기 정보를 나타내고, U/V는 컬러 정보를 나타낸다. 사람은 밝기 정보를 컬러 정보와 다르게 인식하게 때문에 많은 응용에서 이 컬러 공간이 잘 맞다.

- **HSV**: YUV 조차도 어떤 응용에는 충분하지 못하다는 것이 밝혀짐에 따라, 사람들은 인간이 어떻게 컬러를 감지하는지를 생각하기 시작했다. 그 결과, HSV 컬러 공간이 나왔다. HSV는 Hue, Saturation, Value를 나타낸다. 이것은 컬러의 세 가지 특성을 분리해 원통형 시스템으로 각 채널을 나타낸다. 이것은 인간의 시각 시스템이 컬러를 어떻게 이해하는지와 밀접하게 연관되어 있다. 이 컬러 공간은 우리에게 영상을 어떻게 다룰 수 있는지에 대한 많은 융통성을 제공한다.

컬러 공간 사이의 변환

모든 컬러 공간들을 고려한다면, OpenCV에서는 약 190개의 변환 옵션이 가능하다. 만일 모든 가능한 플래그 리스트를 보고 싶다면, Python shell로 가서 다음을 타이핑하라.

```
import cv2
print([x for x in dir(cv2) if x.startswith('COLOR_')])
```

당신은 OpenCV에서 한 컬러 공간에서 다른 컬러 공간으로 변환이 가능한 옵션 리스트를 보게 될 것이다. 어떻게 우리가 컬러 영상을 그레이 영상으로 변환할 수 있는지를 보자.

```
import cv2
img = cv2.imread('./images/input.jpg', cv2.IMREAD_COLOR)
gray_img = cv2.cvtColor(img, cv2.COLOR_RGB2GRAY)
cv2.imshow('Grayscale image', gray_img)
cv2.waitKey()
```

어떤 일이 생겼나?

컬러 공간 사이에 변환을 위해 cvtColor 함수를 사용한다. 첫 인수가 입력 영상이고, 둘째 인수는 컬러 공간 변환을 표시하는 것이다.

영상을 채널들로 나누기

다음의 플래그를 사용하여 YUV로 변환할 수 있다.

```
yuv_img = cv2.cvtColor(img, cv2,COLOR_BGR2YUV)
```

영상은 다음과 같이 보일 것이다.

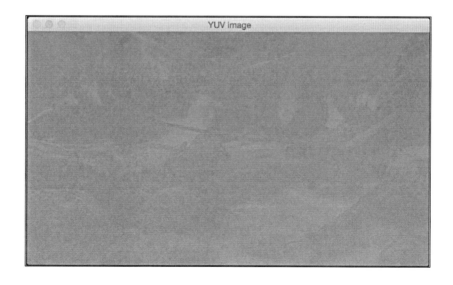

이것은 원 영상의 나빠진 버전 같이 보인다. 그렇지 않다. 세 개의 채널로 분리하자.

```
# Alternative 1
y,u,v = cv2.split(yuv_img)
cv2.imshow('Y channel', y)
cv2.imshow('U channel', u)
cv2.imshow('V channel', v)
cv2.waitKey()

# Alternative 2 (Faster)
cv2.imshow('Y channel', yuv_img[:, :, 0])
cv2.imshow('U channel', yuv_img[:, :, 1])
cv2.imshow('V channel', yuv_img[:, :, 2])
cv2.waitKey()
```

yuv_img는 NumPy 배열이므로 이것을 세 개의 채널로 분리할 수 있다. 만일 당신이 yuv_img.shape을 본다면, 이것은 NUM_ROWS X NUM_COLUMNS X NUM_CHANNELS로 구성된 3차원 배열임을 알 수 있다. 앞의 코드를 수행하면 다음의 세 개의 다른 영상을 보게 된다. 다음 그림이 Y 채널이다.

Y 채널은 기본적으로 그레이스케일 영상이다. 다음은 U채널이다.

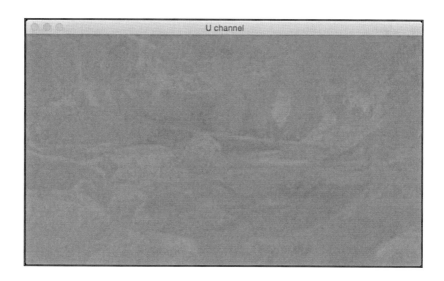

그리고 마지막으로 V채널이다.

여기서 볼 수 있듯이, Y 채널은 그레이스케일 영상과 동일하다. 그것은 밝기 값을 나타낸다. 나머지 채널들은 컬러정보를 나타낸다.

영상 채널들의 병합

이제 영상을 읽고 별도의 채널로 분할한 다음, 채널들을 병합하여 서로 다른 조합에서 다양한 효과를 얻을 수 있는 방법을 살펴보자.

```python
img = cv2.imread('./images/input.jpg', cv2.IMREAD_COLOR)
g,b,r = cv2.split(img)
gbr_img = cv2.merge((g,b,r))
rbr_img = cv2.merge((r,b,r))
cv2.imshow('Original', img)
cv2.imshow('GRB', gbr_img)
cv2.imshow('RBR', rbr_img)
cv2.waitKey()
```

여기서 우리는 채널들이 재조합되어 다른 색 농도를 얻는 방법을 볼 수 있다.

이 경우 빨간색 채널이 두 번 사용되므로 빨간색이 더욱 강렬하다.

앞의 코드들은 컬러 공간 사이에 변환하는 기본적인 방법을 알려준다. 당신은 이제 더 많은 컬러 공간을 가지고 영상들이 어떠한지를 실험해 볼 수 있다. 이후 이 책의 장들에서 관련 컬러 공간을 만나면 그들에 대해 논의할 것이다.

● 영상 이동

이 절에서는 영상을 이동시키는 것에 대해 논의한다. 만일 우리가 참조 프레임 안에서 영상을 이동하길 원한다고 하자. 컴퓨터비전 용어에서, 이것은 트랜스레이션(translation)이라고 한다.

이제 트랜스레이션을 어떻게 하는지 살펴보자.

```
import cv2
import numpy as np
img = cv2.imread('images/input.jpg')
num_rows, num_cols = img.shape[:2]
translation_matrix = np.float32([ [1,0,70], [0,1,110] ])
img_translation = cv2.warpAffine(img, translation_matrix, (num_cols,
num_rows), cv2.INTER_LINEAR)
cv2.imshow('Translation', img_translation)
cv2.waitKey()
```

만일 당신이 앞의 코드를 수행한다면, 다음과 같은 영상을 보게 될 것이다.

어떤 일이 생겼나?

앞의 코드를 이해하기 위해 변형이 어떻게 일어났는지를 알 필요가 있다. 이동은 기본적으로 x, y 좌표값을 더하거나 뺌으로써 영상을 이동시키는 것이다. 이것을 하기 위해, 우리는 다음의 변환 매트릭스를 만들 필요가 있다.

$$T = \begin{bmatrix} 1 & 0 & t_x \\ 0 & 1 & t_y \end{bmatrix}$$

여기서 t_x와 t_y는 x와 y의 이동 값이다. 즉, 영상은 오른쪽으로 x 값 만큼 움직이고, 아래쪽으로 y 값 만큼 움직인다. 그래서 일단 이동을 위한 매트릭스를 만들고, 영상에 적용하기 위해 warpAffine 함수를 사용할 수 있다. warpAffine 함수에서 3번째 인수는 결과 영상에서 행과 열의 수를 의미한다. 현재 결과 영상은 잘려나간 모양이다. 그 이유는 우리가 이동 매트릭스를 적용했을 때 결과에 충분한 공간을 가지지 못했기 때문이다. 잘려나간 것을 피하기 위해 다음과 같이 할 수 있다.

```
img_translation = cv2.warpAffine(img, translation_matrix,
(num_cols + 70, num_rows + 110))
```

만일 앞쪽 코드에 이 부분을 대치한다면, 다음과 같은 영상을 보게 될 것이다.

만일 영상을 프레임 중앙 부분으로 옮기기를 원한다면, 다음을 수행함으로써 그렇게 할 수 있다.

```
import cv2
import numpy as np
img = cv2.imread('images/input.jpg')
num_rows, num_cols = img.shape[:2]
translation_matrix = np.float32([ [1,0,70], [0,1,110] ])
img_translation = cv2.warpAffine(img, translation_matrix, (num_cols + 70,
num_rows + 110))
translation_matrix = np.float32([ [1,0,-30], [0,1,-50] ])
img_translation = cv2.warpAffine(img_translation, translation_matrix,
(num_cols + 70 + 30, num_rows + 110 + 50))
cv2.imshow('Translation', img_translation)
cv2.waitKey()
```

만일 앞의 코드를 수행한다면, 다음의 영상을 보게 될 것이다.

게다가 픽셀 외삽법으로 변환의 빈 경계선을 채울 수 있는 borderMode와 borderValue, 두 가지 인수가 더 있다.

```python
import cv2
import numpy as np
img = cv2.imread('./images/input.jpg')
num_rows, num_cols = img.shape[:2]
translation_matrix = np.float32([ [1,0,70], [0,1,110] ])
img_translation = cv2.warpAffine(img, translation_matrix, (num_cols,
num_rows), cv2.INTER_LINEAR, cv2.BORDER_WRAP, 1)
cv2.imshow('Translation', img_translation)
cv2.waitKey()
```

● 영상 회전

이 절에서는 우리는 주어진 영상을 특정 각도로 어떻게 회전시키는가에 대해 살펴 볼 것이다. 다음의 코드를 사용하여 수행한다.

```
import cv2
import numpy as np
img = cv2.imread('images/input.jpg')num_rows, num_cols = img.shape[:2]
rotation_matrix = cv2.getRotationMatrix2D((num_cols/2, num_rows/2), 30,
0.7)
img_rotation = cv2.warpAffine(img, rotation_matrix, (num_cols, num_rows))
cv2.imshow('Rotation', img_rotation)
cv2.waitKey()
```

만일 앞의 코드를 수행했다면, 다음과 같은 영상을 보게 될 것이다.

어떤 일이 생겼나?

이것을 이해하기 위해, 수학적으로 회전을 어떻게 다루는지를 보자. 회전은 변환의 한 형태이다. 우리는 다음의 변환행렬을 사용하여 회전을 수행할 수 있다.

$$R = \begin{bmatrix} \cos\theta & -\sin\theta \\ \sin\theta & \cos\theta \end{bmatrix}$$

여기서 θ는 반시계방향의 회전각이다. OpenCV는 함수 `getRotationMatrix2D`를 통하여 행렬을 만들고 조정한다. 우리는 영상이 회전된 기준점, 회전각도 그리고 스케일 요소를 명시할 수 있다. 일단 우리가 변환행렬을 가지고 있다면, 이것은 영상에 적용하기 위해 warpAffine 함수를 사용할 수 있다.

앞의 그림에서 볼 수 있듯이, 영상이 경계를 넘어가면 잘려진다. 이것을 방지하기 위해 결과 영상에 충분한 공간을 제공할 필요가 있다. 이제 논의한 변환 함수 사용을 시도해보자.

```
import cv2
import numpy as np

img = cv2.imread('images/input.jpg')
num_rows, num_cols = img.shape[:2]
translation_matrix = np.float32([ [1,0,int(0.5*num_cols)],
```

```
[0,1,int(0.5*num_rows)] ])
rotation_matrix = cv2.getRotationMatrix2D((num_cols, num_rows), 30, 1)

img_translation = cv2.warpAffine(img, translation_matrix, (2*num_cols,
2*num_rows))
img_rotation = cv2.warpAffine(img_translation, rotation_matrix,
(num_cols*2, num_rows*2))

cv2.imshow('Rotation', img_rotation)
cv2.waitKey()
```

만일 우리가 앞의 코드를 수행한다면, 다음과 같은 영상을 얻게 될 것이다.

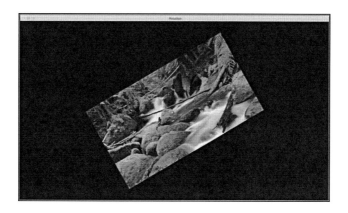

● 영상 스케일링

이 절에서, 영상의 크기 조절에 대해 논의할 것이다. 이것은 컴퓨터비전에서 가장 흔한 처리들 중에 하나이다. 스케일링 요소를 사용하여 영상의 크기를 재 조절하거나 특정 크기로 만들 수 있다. 어떻게 하는지 보도록 하자.

```
import cv2
img = cv2.imread('images/input.jpg')
img_scaled = cv2.resize(img,None,fx=1.2, fy=1.2, interpolation =
cv2.INTER_LINEAR)
```

```
cv2.imshow('Scaling - Linear Interpolation', img_scaled)
img_scaled = cv2.resize(img,None,fx=1.2, fy=1.2, interpolation =
cv2.INTER_CUBIC)
cv2.imshow('Scaling - Cubic Interpolation', img_scaled)
img_scaled = cv2.resize(img,(450, 400), interpolation = cv2.INTER_AREA)
cv2.imshow('Scaling - Skewed Size', img_scaled)
cv2.waitKey()
```

어떤 일이 생겼나?

영상의 크기를 조절할 때 마다, 필요한 화소값을 채우기 위한 여러 방법들이 있다. 영상을 크게 만들고자 할 때, 기존 화소의 위치사이에 새로운 화소값을 채울 필요가 있다. 그리고 영상을 줄일 때, 최적의 대푯값을 취할 필요가 있다. 우리가 정수가 아닌 값으로 스케일링할 때, 우리는 영상의 질을 유지하기 위해 적절하게 값을 인터폴레이션(interpolation) 할 필요가 있다. 인터폴레이션 방법은 여러 가지가 있다. 만일 우리가 영상을 크게 하길 원한다면, 선형이나 큐빅(cubic) 인터폴레이션이 좋다. 그러나 만일 영상을 줄인다면, 영역기반의 인터폴레이션 사용이 좋을 것이다. 큐빅 인터폴레이션은 계산적으로 좀더 복잡하다. 그래서 선형 인터폴레이션보다 속도가 늦다. 그러나 결과 영상의 질은 더 좋을 것이다.

OpenCV는 영상의 스케일링을 위해 resize 함수를 제공한다. 만일 당신이 크기를 명시하지 않으면, 함수는 X, Y 스케일링 요소를 기대한다. 우리들의 예에서는 영상이 요소 1.2로 확대될 것이다. 만일 우리가 큐빅 인터폴레이션을 사용해 같은 확대를 한다면, 영상의 질이 개선된 것을 다음 그림에서처럼 볼 수 있을 것이다. 다음 스크린샷은 선형 인터폴레이션을 보여준다.

다음은 해당 큐빅 인터폴레이션이다.

만일 우리가 특정 크기로 영상을 조정하기 원한다면, 마지막 resize 형태를 사용할 수 있다. 우리는 기본적으로 우리가 원하는 크기로 만들 수 있다. 결과는 다음과 같이 보인다.

● 어파인 변환

이 절에서, 우리는 2D 영상의 다양한 기하학적 변환에 대해 논의할 것이다. 이전 몇 절에서 우리는 warpAffine 함수를 사용해 왔다. 이제 그 이면에 어떤 일이 일어나고 있는 지를 이해할 때가 되었다.

어파인 변환을 이야기하기 전에, 유크리디언 변환이 무엇인지 살펴보자. 유크리디언 변환은 길이와 각도를 유지하는 가하학적 변환의 한 형태이다. 만일 우리가 한 기하학적 모양에 유크리디언 변환을 적용하면, 모양은 변하지 않고 유지된다. 그것은 회전하고, 이동되고 할 수 있지만, 기본적인 구조는 변함이 없을 것이다. 그래서 기술적으로 선은 선(line)이고, 면은 면으로 유지될 것이다. 사각형은 사각형, 원은 원으로 유지된다.

어파인 변환으로 되돌아와서, 우리는 유크리디언 변환의 일반화를 이야기할 수 있다. 어파인 변환 영역 하에서, 선은 선으로 유지되지만 정사각형은 사각형이나 평행사변형으로 될 수 있다. 기본적으로 아파인 변환은 길이와 각도를 유지하지 않는다.

일반 어파인 변환 행렬을 만들기 위해, 제어점들을 정의할 필요가 있다. 일단 제어점들을 가지고 있다면, 어디에 매핑하기 원하는지를 결정할 필요가 있다. 특정한 상황에서, 우리가 필요한 모든 것은 원 영상에서 3개의 점 그리고 결과 영상에서 3개의 점이다. 우리가 어떻게 영상을 평행사변형 모양의 영상으로 바꿀 수 있는지를 보자.

```python
import cv2
import numpy as np
img = cv2.imread('images/input.jpg')
rows, cols = img.shape[:2]
src_points = np.float32([[0,0], [cols-1,0], [0,rows-1]])
dst_points = np.float32([[0,0], [int(0.6*(cols-1)),0],
[int(0.4*(cols-1)),rows-1]])
affine_matrix = cv2.getAffineTransform(src_points, dst_points)
img_output = cv2.warpAffine(img, affine_matrix, (cols,rows))
cv2.imshow('Input', img)
cv2.imshow('Output', img_output)
cv2.waitKey()
```

어떤 일이 생겼나?

이전에 논의했듯이, 우리는 제어점들을 정의하고 있다. 어파인 변환행렬을 얻기 위해 우리는 3개의 점을 필요로 한다. 우리는 src_points에서의 3개의 점이 dst_points에 해당 점으로 매핑되기를 원한다. 다음 그림같이 점들을 매핑한다.

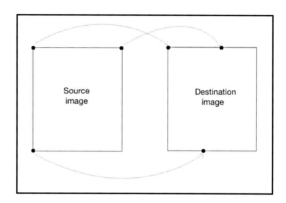

변환행렬을 얻기 위해, 우리는 OpenCV에서 getAffineTransform 함수를 가지고 있다. 일단 어파인 변환행렬을 가진다면, 이 행렬을 영상에 적용하기 위해 warpAffine 함수를 사용한다.

다음은 입력 영상이다.

만일 당신이 앞의 코드를 수행한다면, 결과는 다음과 같을 것이다.

우리는 또한 입력 영상의 미러 영상을 얻을 수 있다. 제어점들을 다음과 같이 바꾸면 된다.

```
src_points = np.float32([[0,0], [cols-1,0], [0,rows-1]])
dst_points = np.float32([[cols-1,0], [0,0], [cols-1,rows-1]])
```

매핑은 다음과 같다.

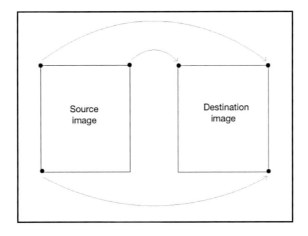

만일 당신이 어파인 변환 코드에서 해당 라인을 앞의 2줄로 바꾸었다면, 다음의 결과를 얻게 될 것이다.

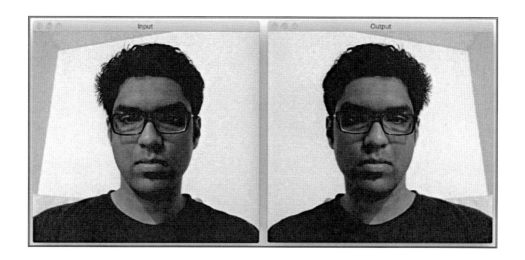

● 투상 변환

어파인 변환이 멋지지만, 어떤 제한점들이 있다. 한편 투상 변환은 우리에게 더 많은 자유를 준다. 이것은 호모그래피(homography)로 언급된다. 투상 변환을 이해하기 위해, 어떻게 투상 기하(geometry)가 작동하는지 이해할 필요가 있다. 시점이 변화할 때 영상에 어떤 일이 일어나는지를 묘사한다. 예로서, 만일 당신이 사각형이 그려진 종이 앞에 서있다면, 그것은 사각형으로 보일 것이다.

만일 당신이 종이를 기울이면 사각형은 부등사각형으로 보일 것이다. 투상 변환은 수학적으로 이것을 동적으로 기술하도록 한다. 이 변환은 크기나 각도를 유지하지는 않지만, 인시던스(incidence)와 교차율(cross-ration)를 유지한다.

 인시던스와 교차율에 대하여 다음을 참고하라: http://en.wikipedia.org/wiki/Incidence_(geometry) and http://en.wikipedia.org/wiki/Icross-ratio

이제 투상 변환이 무엇인지 알았다. 주어진 평면 위에 2개의 영상은 호모그래피로 관련이 있다고 말할 수 있다. 이들이 같은 평면 위에 있는 한, 우리는 어떤 것을 다른 어떤 것으로 변환할 수 있다. 이것은 증강현실(augmented reality), 영상 렉티비케이션(rectification), 영상 등록, 두 영상 간의 카메라 움직임 계산과 같은 실제적인 응용들을 가지고 있다. 추정된 호모그래피 행렬에서 카메라의 회전과 이동이 추출되면, 이 행렬은 네비게이션이나 영상 속으로 3차원 객체 모델을 삽입하는데 사용될 수 있다. 정확한 투상으로 다루어지고 원래의 장면의 한 부분 같이 보여진다.

어떻게 하는지를 보자.

```python
import cv2
import numpy as np
img = cv2.imread('images/input.jpg')
rows, cols = img.shape[:2]
src_points = np.float32([[0,0], [cols-1,0], [0,rows-1], [cols-1,rows-1]])
dst_points = np.float32([[0,0], [cols-1,0], [int(0.33*cols),rows-1],
[int(0.66*cols),rows-1]])
projective_matrix = cv2.getPerspectiveTransform(src_points, dst_points)
img_output = cv2.warpPerspective(img, projective_matrix, (cols,rows))
cv2.imshow('Input', img)
cv2.imshow('Output', img_output)
cv2.waitKey()
```

만일 당신이 앞의 코드를 수행한다면, 다음 스크린샷과 같은 재미나는 그림을 보게 될 것이다.

어떤 일이 생겼나?

우리는 원 영상에 4개의 제어점들을 선택할 수 있고, 그들을 목적 영상으로 매핑할 수 있다. 변환 후에 평행선은 평행선을 유지하지 못한다. 변환 행렬을 얻기 위해 우리는 getPerspectiveTransform 함수를 사용한다.

투영 변환을 사용하여 재미있는 효과를 적용하여 그것들이 어떻게 보이는지 살펴보자. 다른 효과들을 얻기 위해 우리가 해야 할 것은 제어점들을 바꾸는 것이다.

여기에 한 예가 있다.

제어점들은 다음에 보여진 것들과 같다.

```
src_points = np.float32([[0,0], [0,rows-1], [cols/2,0],[cols/2,rows-1]])
dst_points = np.float32([[0,100], [0,rows-101],
[cols/2,0],[cols/2,rows-1]])
```

연습으로, 한 평면상의 위의 점들 매핑해 보아라. 그리고 그 점들이 어떻게 매핑되어 졌는지를 알아보라. 당신은 매핑 시스템에 대해 충분히 이해를 하게 될 것이다. 그리고 자신의 제어점들을 만들어 낼 수 있다.

영상 와핑

영상을 가지고 재미있게 놀아보자. 우리가 무엇을 또한 할 수 있는가? 투상 변환은 꽤 융통성이 있다. 그러나 이것은 제어점들을 어떻게 변환시킬 것인가에 대한 제한점이 여전히 있다. 완전히 랜덤한 어떤 것을 하면 어떤가? 우리는 더욱 제어가 필요하다. 그렇지 않은가? 우리는 단지 우리 자신의 매핑을 만들 필요가 있다. 이것은 그리 어렵지 않다. 다음은 영상 와핑으로 이룰 수 있는 몇 가지 효과들이다.

이러한 효과를 만들 수 있는 코드가 다음에 있다.

```python
import cv2
import numpy as np
import math

img = cv2.imread('images/input.jpg', cv2.IMREAD_GRAYSCALE)
```

```
rows, cols = img.shape

#####################
# Vertical wave

img_output = np.zeros(img.shape, dtype=img.dtype)

for i in range(rows):
    for j in range(cols):
        offset_x = int(25.0 * math.sin(2 * 3.14 * i / 180))
        offset_y = 0
        if j+offset_x < rows:
            img_output[i,j] = img[i,(j+offset_x)%cols]
        else:
            img_output[i,j] = 0
cv2.imshow('Input', img)
cv2.imshow('Vertical wave', img_output)

#####################
# Horizontal wave

img_output = np.zeros(img.shape, dtype=img.dtype)

for i in range(rows):
    for j in range(cols):
        offset_x = 0
        offset_y = int(16.0 * math.sin(2 * 3.14 * j / 150))
        if i+offset_y < rows:
            img_output[i,j] = img[(i+offset_y)%rows,j]
        else:
            img_output[i,j] = 0

cv2.imshow('Horizontal wave', img_output)

#####################
# Both horizontal and vertical
```

```python
img_output = np.zeros(img.shape, dtype=img.dtype)

for i in range(rows):
    for j in range(cols):
        offset_x = int(20.0 * math.sin(2 * 3.14 * i / 150))
        offset_y = int(20.0 * math.cos(2 * 3.14 * j / 150))
        if i+offset_y < rows and j+offset_x < cols:
            img_output[i,j] = img[(i+offset_y)%rows, (j+offset_x)%cols]
        else:
            img_output[i,j] = 0

cv2.imshow('Multidirectional wave', img_output)

####################
# Concave effect

img_output = np.zeros(img.shape, dtype=img.dtype)

for i in range(rows):
    for j in range(cols):
        offset_x = int(128.0 * math.sin(2 * 3.14 * i / (2*cols)))
        offset_y = 0
        if j+offset_x < cols:
            img_output[i,j] = img[i, (j+offset_x)%cols]
        else:
            img_output[i,j] = 0

cv2.imshow('Concave', img_output)

cv2.waitKey()
```

요약

이 장에서, 우리는 다양한 플랫폼에서 OpenCV-Python을 설치하는 방법을 배웠다. 영상을 읽고, 디스플레이하고, 저장하는 방법을 논의했다. 우리는 다양한 컬러 공간의 중요성에 대해 이야기했고, 여러 컬러 공간 사이에 변환을 할 수 있다. 우리는 기하학적 변환들을 영상에 적용하는 방법을 배웠고, 기하학적 효과를 얻기 위해 이러한 기하학적 변환들을 사용하는 방법을 이해하였다. 우리는 변환 행렬의 내부의 형식을 논의하였고, 필요에 따라 다른 종류의 변환들을 어떻게 형성하는 지를 논의하였다. 또한 요청된 기하학적 변환에 근거하여 제어점들을 선택하는 방법들을 배웠다. 우리는 투상 변환에 대해 논의했고, 주어진 기하학적 효과를 얻기 위해 영상 와핑을 어떻게 사용하는지에 대해 배웠다.

다음 장에서는 에지 탐지와 영상 필터링을 논의할 것이다. 우리는 영상 필터들을 사용하여 많은 시각적 효과를 위해 적용할 수 있다. 그리고 내부의 형성(underlying formation)은 영상을 창조적인 방법으로 다루기 위해 우리들에게 많은 자유를 제공한다.

에지 탐지와 영상 필터 적용

2장에서 다루는 학습 내용

- 2차원 컨버루션과 그 사용법
- 영상 블러링 방법
- 영상 에지 탐지 방법
- 영상 모션 블러 적용 방법
- 영상 샤프닝과 맴보싱 방법
- 영상 침식과 팽창 방법
- 비그네트(vignette) 필터 생성 방법
- 영상 대비를 증가시키는 방법

소개

이번 장에서, 멋진 시각적 효과를 영상에 적용하는 방법을 알아보려고 한다. 우리는 기본적인 영상 처리 오퍼레이터 사용 방법을 배우려고 한다. 우리는 에지 탐지를 논의할 것이며, 사진에 다양한 효과를 적용하기 위해, 영상 필터를 어떻게 사용할 수 있는지를 논의할 것이다.

예제 코드 다운로드: http://www.packtpub.com (계정이 있는 경우) 혹은 http://www. packtpub.com/support에 등록 후 e-mail로 파일 받음

● 2차원 컨버루션

컨버루션(convolution)은 영상처리에서 기본적인 연산이다. 우리는 기본적으로 수학적 연산자를 각 화소에 적용하고 그 값을 바꾼다. 이 수학적 연산자를 적용하기 위해, 우리는 **커널(kernel)**이라 불리는 또 다른 행렬을 사용한다. 커널은 입력 영상에 비해 아주 작은 행렬이다. 영상의 각 화소에 대해, 커널의 중심을 처리 대상의 화소 위에 올려놓는다. 그리고 커널 행렬의 각 값과 대응되는 화소의 값들을 각각 곱하여 모두 더한다. 이 더한 값이 현재 화소의 위치에 대치될 출력 영상의 해당 값이 된다.

커널을 "영상 필터"라 부르며, 이 커널을 영상에 적용하는 것을 "영상 필터링"이라고 한다. 커널이 적용되어서 얻게 되는 영상을 "필터된 영상"이라고 한다. 커널의 값에 따라 블러링, 에지 탐지 등과 같은 다른 기능을 수행한다. 다음 그림은 영상 필터링 연산을 시각화한 것이다.

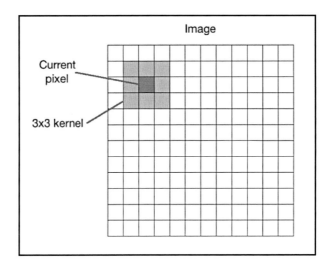

이제 가장 간단한 1로 된 커널의 경우부터 시작하자. 이 커널은 실제로 입력 영상을 바꾸지 않는다. 만일 우리가 1로 된 3 x 3 커널을 생각한다면, 다음과 같은 모습일 것이다.

$$I = \begin{bmatrix} 0 & 0 & 0 \\ 0 & 1 & 0 \\ 0 & 0 & 0 \end{bmatrix}$$

● 블러링

블러링(blurring)은 이웃화소들을 평균하는 것을 말한다. 이것은 또한 **저역 통과 필터(low pass filter)**라 부른다. 저역 통과 필터는 저주파를 허용하고 고주파를 차단하는 필터이다. 영상에서 주파수는 무엇을 의미하는가? 여기서 주파수는 화소값의 변화율을 의미한다. 따라서 날카로운 에지는 고주파 영역이라고 할 수 있다. 왜냐하면 화소값이 그곳에서 갑자기 변하기 때문이다. 이러한 논리로 평평한 지역은 저주파 영역이다. 이러한 정의에 따라, 저주파 통과 필터는 에지를 부드럽게 하려한다.

저주파 통과 필터를 만드는 간단한 방법은 화소 주위에 있는 값들을 균일하게 평균하는 것이다. 우리가 얼마만큼 영상을 부드럽게 하길 원하는가에 따라 커널의 크기를 정할 수 있다. 크기에 따라 다른 효과를 가지게 될 것이다. 만일 당신이 큰 크기를 선택한다면, 넓은 영역에 평균을 얻게 될 것이다. 이것은 부드럽게 하는 효과를 증가킨다. 3 x 3 저역 통과 필터의 커널이 어떻게 생겼는지 보자.

$$L = \frac{1}{9} \begin{bmatrix} 1 & 1 & 1 \\ 1 & 1 & 1 \\ 1 & 1 & 1 \end{bmatrix}$$

우리는 전체 합이 1이 되기를 원하기 때문에 행렬을 9로 나눈다. 이것을 **정규화(normalization)**이라고 하며, 화소의 위치에서 밝기값이 인위적으로 증가하는 것을 원하지 않기 때문에 정규화는 중요하다. 커널을 영상에 적용하기 전에 커널을 정규화해야 한다. 정규화는 중요한 개념이며, 다양한 곳에 사용된다. 따라서 완전한 이해를 위해 온라인으로 한 두 강좌를 들을 필요가 있다.

다음은 영상에 저역 통과 필터를 적용하기 위한 코드이다.

```
import cv2
import numpy as np

img = cv2.imread('images/input.jpg')
rows, cols = img.shape[:2]

kernel_identity = np.array([[0,0,0], [0,1,0], [0,0,0]])
kernel_3x3 = np.ones((3,3), np.float32) / 9.0 # Divide by 9 to normalize
```

```
the kernel
kernel_5x5 = np.ones((5,5), np.float32) / 25.0 # Divide by 25 to normalize
the kernel

cv2.imshow('Original', img)

# value -1 is to maintain source image depth
output = cv2.filter2D(img, -1, kernel_identity)
cv2.imshow('Identity filter', output)

output = cv2.filter2D(img, -1, kernel_3x3)
cv2.imshow('3x3 filter', output)

output = cv2.filter2D(img, -1, kernel_5x5)
cv2.imshow('5x5 filter', output)

cv2.waitKey(0)
```

이 코드를 수행하면 다음과 같은 결과를 얻게 된다.

커널의 크기와 블러링의 정도

앞의 코드에서 kernel_identity, kernel_3x3, 그리고 kernel_5x5와 같이 다른 크기의 커널을 생성하였다. 이 커널들을 영상에 적용하기 위해 함수 filter2D를 사용하였다. 만일 당신이 결과 영상을 유심히 살피면, 커널 크기가 증가됨에 따라 블러링 정도가 증가하는 것을 볼 수 있다. 이것은 커널 크기를 증가시킬 때, 더 넓은 지역을 평균하기 때문이다.

블러링은 만드는 또 다른 방법은 OpenCV 함수, blur를 사용하는 것이다. 만일 당신이 앞에서 언급한 커널 생성을 원하지 않는다면, 이 함수를 직접 사용할 수 있다. 다음과 같은 코드로 함수를 부를 수 있다.

```
output = cv2.blur(img, (3,3))
```

이것은 3 x 3 커널을 입력 영상에 적용하고 직접적으로 결과 영상을 출력한다.

● 모션 블러

당신이 모션 블러(motion blur) 효과를 적용할 때, 그것은 그림을 특정 방향으로 움직일 때 캡처한 것처럼 보일 것이다. 예로서, 당신은 움직이는 차로부터 캡처한 것 같이 보이는 영상을 만들 수 있다.

입력과 출력 영상은 다음과 같이 보일 수 있다.

다음의 코드는 모션 블러 효과를 얻을 수 있는 것이다.

```python
import cv2
import numpy as np

img = cv2.imread('images/input.jpg')
cv2.imshow('Original', img)

size = 15

# generating the kernel
kernel_motion_blur = np.zeros((size, size))
kernel_motion_blur[int((size-1)/2), :] = np.ones(size)
kernel_motion_blur = kernel_motion_blur / size

# applying the kernel to the input image
output = cv2.filter2D(img, -1, kernel_motion_blur)

cv2.imshow('Motion Blur', output)
cv2.waitKey(0)
```

내부 살펴보기

모션 블러 커널은 특정 방향의 화소값들을 평균한다. 그것은 방향성 저역 통과 필터와 같다. 3 x 3 수평 모션 블러 커널은 다음과 같다.

$$M = \begin{bmatrix} 0 & 0 & 0 \\ 1 & 1 & 1 \\ 0 & 0 & 0 \end{bmatrix}$$

이것은 영상을 수평 방향으로 블러링한다. 당신은 어떤 방향이든지 선택할 수 있고, 그에 따라 작동할 것이다. 블러링의 정도는 커널의 크기에 의존할 것이다. 그래서 만일 당신이 보다 큰 블러링을 원한다면, 커널의 크기를 더 크게 선택하라. 완전한 효과를 보기 위해, 앞의 코드에서 15 x 15 커널을 선택하였다. 그리고 나서 입력 영상에 이 커널을 적용하기 위해 filter2D를 사용하고, 모션 블러된 출력 영상을 얻는다.

● 샤프닝

샤프닝(sharpening) 필터를 적용하는 것은 입력 영상에 에지를 날카롭게 한다. 이 필터는 영상에서 에지를 향상시키기 원할 때, 아주 유용하다. 영상 샤프닝 과정이 어떤지에 대한 아이디어를 주는 몇 영상들이 다음에 있다.

당신이 앞의 그림에서 보듯이, 샤프닝의 정도는 사용한 커널의 형태에 따른다. 우리들은 여기서 커널을 다양하게 할 수 있고, 각 커널은 다른 효과를 준다. 단순히 영상을 날카롭게 하기 위해, 앞의 그림의 오른쪽 상단 같이 다음의 커널을 사용해 할 수 있다.

$$
M = \begin{bmatrix} -1 & -1 & -1 \\ -1 & 9 & -1 \\ -1 & -1 & -1 \end{bmatrix}
$$

만일 당신이 왼쪽 하단처럼 강한 샤프닝을 원한다면, 우리는 다음의 커널을 사용할 수 있다.

$$M = \begin{bmatrix} 1 & 1 & 1 \\ 1 & -7 & 1 \\ 1 & 1 & 1 \end{bmatrix}$$

앞의 두 커널들이 가지고 있는 문제는 결과 영상이 인공적으로 향상된 것같이 보이는 것이다. 만일 우리가 보다 자연스런 결과를 원한다면, Edge Enhancement 필터를 사용할 수 있다. 이면에 있는 개념은 동일하다. 그러나 이 필터를 만들기 위해 근사 가우시안 필터를 사용한다. 이것은 에지를 향상할 때 영상을 부드럽게 해 준다. 그래서 영상이 보다 자연스럽게 보인다.

앞의 스크린샷에 적용된 효과들을 얻기 위한 코드는 다음과 같다.

```python
import cv2
import numpy as np

img = cv2.imread('images/input.jpg')
cv2.imshow('Original', img)

# generating the kernels
kernel_sharpen_1 = np.array([[-1,-1,-1], [-1,9,-1], [-1,-1,-1]])
kernel_sharpen_2 = np.array([[1,1,1], [1,-7,1], [1,1,1]])
kernel_sharpen_3 = np.array([[-1,-1,-1,-1,-1],
                             [-1,2,2,2,-1],
                             [-1,2,8,2,-1],
                             [-1,2,2,2,-1],
                             [-1,-1,-1,-1,-1]]) / 8.0

# applying different kernels to the input image
output_1 = cv2.filter2D(img, -1, kernel_sharpen_1)
output_2 = cv2.filter2D(img, -1, kernel_sharpen_2)
output_3 = cv2.filter2D(img, -1, kernel_sharpen_3)

cv2.imshow('Sharpening', output_1)
cv2.imshow('Excessive Sharpening', output_2)
cv2.imshow('Edge Enhancement', output_3)
cv2.waitKey(0)
```

앞의 코드에서 첫 두 개의 커널은 정규화 요소로 나누지 않았다. 그 이유는 커널 내의 값의 합이 1이 되기 때문이다. 따라서 우리는 암시적으로 행렬을 1로 나눈 것으로 생각할 수 있다.

패턴의 이해

영상 필터 코드 예제에서 공통적 패턴을 알 필요가 있다. 우리는 커널을 만들고 원하는 결과를 얻기 위해 filter2D를 사용한다. 이것이 바로 코드 예제들에서 발견할 수 있는 것이다. 커널 내부의 값들을 바꾸고, 다른 시각적 효과를 얻을 수 있는지를 보라. 커널을 적용하기 전에 정규화를 잊지 말라. 그렇지 않으면, 영상이 너무 밝게 보일 것이다. 왜냐하면, 영상에서 인공적으로 화소값을 증가시키고 있기 때문이다.

● 엠보싱

엠보싱(embossing) 필터는 영상을 취하여 엠보싱된 영상으로 바꾼다. 우리는 기본적으로 각 화소를 취하여, 그림자(shadow)나 하이라이트(highlight)로 바꾼다. 지금 우리가 상대적으로 영상의 평평한 지역을 다루고 있다고 생각하자. 우리는 이것을 회색으로 바꿀 필요가 있다. 왜냐하면 여기에는 정보가 그리 많이 있지 않기 때문이다. 만일 특정지역에 많은 대비(contrast)가 있다면, 우리는 엠보싱하고 있는 방향에 따라 그것을 백색 화소(하이라이트) 혹은 흑색 화소(그림자)로 대치할 것이다.

이것은 다음과 같이 보일 것이다.

코드를 살펴보고 엠보싱을 하는 방법을 알아보자.

```python
import cv2
import numpy as np

img_emboss_input = cv2.imread('images/input.jpg')

# generating the kernels
kernel_emboss_1 = np.array([[0,-1,-1],
                            [1,0,-1],
                            [1,1,0]])
kernel_emboss_2 = np.array([[-1,-1,0],
                            [-1,0,1],
                            [0,1,1]])
kernel_emboss_3 = np.array([[1,0,0],
```

```
                            [0,0,0],
                            [0,0,-1]])

# converting the image to grayscale
gray_img = cv2.cvtColor(img_emboss_input,cv2.COLOR_BGR2GRAY)

# applying the kernels to the grayscale image and adding the offset to
produce the shadow
output_1 = cv2.filter2D(gray_img, -1, kernel_emboss_1) + 128
output_2 = cv2.filter2D(gray_img, -1, kernel_emboss_2) + 128
output_3 = cv2.filter2D(gray_img, -1, kernel_emboss_3) + 128

cv2.imshow('Input', img_emboss_input)
cv2.imshow('Embossing - South West', output_1)
cv2.imshow('Embossing - South East', output_2)
cv2.imshow('Embossing - North West', output_3)
cv2.waitKey(0)
```

만일 당신이 앞의 코드를 수행한다면, 결과 영상이 엠보싱된 것을 보게 될 것이다. 앞의 커널에서 알 수 있듯이, 우리는 단지 현재의 화소를 특정 방향의 이웃 화소값들의 차이로 대치하고 있다. 엠보싱 효과는 모든 화소값들을 128로 오프셋하므로 얻는다. 이 작업은 그림에 하이라이트/그림자 효과를 더하는 것이다.

● 에지 탐지

에지 탐지(edge detection)는 영상에서 날카로운 에지를 탐지하고, 결과로서 이진 영상을 생성한다. 일반적으로 에지를 나타내기 위해 검은 바탕에 흰색 라인을 그린다. 우리는 에지 탐지를 고역 통과 필터(high pass filter)로 생각할 수 있다. 고역 통과 필터는 고주파 성분은 통과하도록 허용하고 저주파 성분은 차단한다. 앞서 논의한 것과 같이 에지는 고주파 성분이다. 에지 탐지에서 에지가 유지되고 그 외의 것은 제거되기 원한다. 따라서 우리는 고역 통과 필터에 해당하는 커널을 만들 필요가 있다.

Sobel 필터로 알려진 간단한 에지 탐지 필터로 시작하자. 에지는 수직과 수평방향으로 생길 수 있다. Sobel 필터는 다음의 2개의 커널로 구성되어 있다.

$$S_x = \begin{bmatrix} -1 & 0 & 1 \\ -2 & 0 & 2 \\ -1 & 0 & 1 \end{bmatrix} \qquad S_y = \begin{bmatrix} -1 & -2 & -1 \\ 0 & 0 & 0 \\ 1 & 2 & 1 \end{bmatrix}$$

왼쪽 커널은 수직 에지를 탐지한다. 그리고 오른쪽 커널은 수평 에지를 탐지한다. OpenCV는 Sobel 필터를 주어진 영상에 직접 적용하기 위한 함수를 제공한다. 여기에 에지를 탐지하는 Soble 필터를 사용하는 코드가 있다.

```
import cv2
import numpy as np

img = cv2.imread('images/input_shapes.png', cv2.IMREAD_GRAYSCALE)
rows, cols = img.shape

# It is used depth of cv2.CV_64F.
sobel_horizontal = cv2.Sobel(img, cv2.CV_64F, 1, 0, ksize=5)

# Kernel size can be: 1,3,5 or 7.
sobel_vertical = cv2.Sobel(img, cv2.CV_64F, 0, 1, ksize=5)

cv2.imshow('Original', img)
cv2.imshow('Sobel horizontal', sobel_horizontal)
cv2.imshow('Sobel vertical', sobel_vertical)

cv2.waitKey(0)
```

결과 영상은 다음과 같이 보일 것이다.

앞의 그림에서 중앙에 있는 그림이 수직 에지 탐지 결과이며, 오른쪽 영상이 수평 에지 결과이다. 여기서 볼 수 있듯이, Sobel 필터는 수평과 수직 에지를 탐지한다. 하지만 모든 에지의 결과를 보여 주지는 않는다. 이점을 극복하기 위해, 우리는 Laplacian 필터를 사용할 수 있다. 이 필터 사용의 장점은 양 방향으로 2차 미분을 사용한다. 다음과 같은 함수를 사용할 수 있다.

```
laplacian = cv2.Laplacian(img, cv2.CV_64F)
```

결과 영상은 다음의 스크린샷과 같을 것이다.

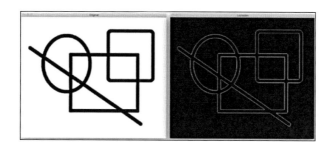

비록 Laplacian 커널이 이 경우에 잘 동작하지만, 이것이 향상 잘 동작하는 것은 아니다. 이것은 다음의 결과 영상에서처럼 많은 잡음을 발생시킨다. 그래서 Canny 에지 탐지가 여기에 필요하다.

앞의 그림에서 우리가 볼 수 있듯이, `Laplacian` 커널은 잡음이 있는 결과 영상을 준다. 이것은 유용하지 않다. 이 문제를 해결하기 위해, 우리는 Canny 에지 탐지기를 사용한다. Canny 에지 탐지기를 사용하기 위해, 우리는 다음 함수를 사용할 수 있다.

```
canny = cv2.Canny(img, 50, 240)
```

우리가 보듯이, Canny 에지 탐지기의 품질은 훨씬 좋다. 이것은 문턱치(threshold)를 가리키는 2개의 인수를 가진다. 두 번째 인수는 **낮은 문턱치**이며, 세 번째 인수는 **높은 문턱치**이다. 만일 그래디언트 값이 높은 문턱치보다 크다면, 강한 에지로 표시되어진다. Canny 에지 탐지기는 이 점에서부터 에지를 추적하여 그래디언트 값이 낮은 문턱치 아래로 떨어질 때까지 계속한다. 만일 당신이 이 문턱치 값을 높인다면, 약한 에지들은 무시될 것이다. 결과 영상은 보다 깨끗하고, 에지의 수가 줄어들 것이다. 이 문턱치 값들을 증가 혹은 감소시킴에 따라 어떤 일이 일어나는 지를 살펴볼 수 있다. 전체적인 공식은 다소 복잡하다. 이것에 대해 다음에서 더 많은 것을 배울 수 있다. http://www.intelligence.tuc.gr/~petrakis/courses/computervision/canny.pdf

● 침식과 팽창

침식(erosion)과 **팽창(dilation)**은 모포로지 영상처리 연산자이다. 기본적으로 모폴로지 영상처리는 영상의 기하학적 구조를 바꿈으로 처리된다. 이러한 연산은 주로 이진 영상에 대해 정의된다. 그러나 우리는 그레이 영상에 대해서도 사용할 수 있다. 침식은 기본적으로 구조의 가장 외부 화소 부분을 벗겨내는 것이다. 반면에 팽창은 구조의 화소 외부 층을 더하는 것이다.

이러한 연산들이 어떤지를 보자.

다음은 침식과 팽창을 수행하는 코드이다.

```
import cv2
import numpy as np

img = cv2.imread('images/input.jpg', 0)

kernel = np.ones((5,5), np.uint8)

img_erosion = cv2.erode(img, kernel, iterations=1)
img_dilation = cv2.dilate(img, kernel, iterations=1)

cv2.imshow('Input', img)
```

```
cv2.imshow('Erosion', img_erosion)
cv2.imshow('Dilation', img_dilation)
cv2.waitKey(0)
```

후기(Afterthought)

OpenCV는 영상을 직접 침식과 팽창하는 함수들을 제공한다. 그들은 erode와 dilate로 불린다. 여기에 주의할 것은 이들 두 함수에 세 번째 인수이다. 이것은 반복수로서, 주어진 영상을 당신이 얼마나 많이 침식/팽창하기를 원하는지를 결정한다. 이것은 연산을 기본적으로 결과 영상에 연속적으로 적용한다. 당신은 예제 영상을 취하여, 이 파라미터를 바꾸면서 결과가 어떠한지를 보면서 수행해 볼 수 있다.

● 비네트(vignette) 필터의 생성

우리가 가진 모든 정보를 사용해, 멋진 비네트 필터를 만들 수 있는지를 보자. 결과는 다음과 같은 어떤 것이 될 것이다.

이 효과를 얻기 위한 코드는 다음과 같다.

```python
import cv2
import numpy as np

img = cv2.imread('images/input.jpg')
rows, cols = img.shape[:2]

# generating vignette mask using Gaussian kernels
kernel_x = cv2.getGaussianKernel(cols,200)
kernel_y = cv2.getGaussianKernel(rows,200)
kernel = kernel_y * kernel_x.T
mask = 255 * kernel / np.linalg.norm(kernel)
output = np.copy(img)

# applying the mask to each channel in the input image
for i in range(3):
    output[:,:,i] = output[:,:,i] * mask

cv2.imshow('Original', img)
cv2.imshow('Vignette', output)
cv2.waitKey(0)
```

이면에 어떤 일이 생겼나?

비네트 필터는 기본적으로 영상의 특정 부분에는 밝게, 다른 부분에는 어둡게 하는 것에 초점을 두고 있다. 이렇게 하기 위해, 가우시안 커널을 사용해 영상의 각 채널을 필터링할 필요가 있다. OpenCV는 이것을 수행하기 위한 getGaussianKernel이라는 함수를 제공한다. 우리는 영상의 크기에 적합한 2D 커널을 만들 필요가 있다. getGaussianKernel 함수의 두 번째 인수는 흥미롭다. 그것은 가우시안의 표준편차이며, 밝은 중앙 영역의 반지름을 조정한다. 이 인수를 조정하여 결과에 어떤 영향을 미치는지를 살펴볼 수 있다.

일단 2D 커널을 만들었다면, 다음과 같이 커널을 정규화하는 마스크를 만들고 크기를 조정할 필요가 있다.

```python
mask = 255 * kernel / np.linalg.norm(kernel)
```

이것은 중요한 단계이다. 만일 당신이 크기를 조정하지 않았다면, 영상은 어둡게 보일 것이다. 왜냐하면 입력영상에 마스크를 올려 놓으면 화소값들이 0에 가깝게 되기 때문이다. 이 후에 우리는 모든 컬러 채널에 반복을 하며, 마스크를 각 채널에 적용할 것이다.

어떻게 중심을 주위로 이동할 것인가?

우리는 영상 중앙에 초점을 맞추는 비네트 필터를 만드는 방법을 안다. 이제 영상의 중앙이 아니라 다음과 같이 다른 영역에 초점을 맞추는 비네트 효과를 원한다고 하자.

우리가 해야 할 일은 보다 큰 가우시안 커널과 밝은 지역을 관심 영역(ROI)과 일치시키는 것이다. 다음의 코드는 이일을 수행하는 코드이다.

```
import cv2
import numpy as np

img = cv2.imread('images/input.jpg')
rows, cols = img.shape[:2]

# generating vignette mask using Gaussian kernels
kernel_x = cv2.getGaussianKernel(int(1.5*cols),200)
kernel_y = cv2.getGaussianKernel(int(1.5*rows),200)
kernel = kernel_y * kernel_x.T
```

```
mask = 255 * kernel / np.linalg.norm(kernel)
mask = mask[int(0.5*rows):, int(0.5*cols):]
output = np.copy(img)

# applying the mask to each channel in the input image
for i in range(3):
    output[:,:,i] = output[:,:,i] * mask

cv2.imshow('Input', img)
cv2.imshow('Vignette with shifted focus', output)

cv2.waitKey(0)
```

● 영상 대비 향상

낮은 조명 아래 영상을 캡처하면, 영상은 어둡게 된다. 저녁이나 어두운 실내에서 영상을 캡처하면 전형적으로 이런 일이 일어난다. 당신도 이러한 경험을 했을 것이다. 이러한 조건에서 영상을 캡처하면 영상의 화소값들이 거의 0에 가까이 몰리는 경향이 있기 때문이다. 이런일이 생기면, 영상 내의 자세한 부분이 사람의 눈에 선명하게 보이지 않는다. 사람의 눈은 대비(contrast)를 좋아한다. 그래서 영상이 멋있게 보이도록 하기 위해 대비를 조절할 필요가 있다. 많은 사진기와 영상 응용들이 이미 이것을 하고 있다. 이 대비를 얻기 위해 **히스토그램 균일화**(histogram equalization)로 불리는 처리를 사용한다.

다음의 예에서, 대비 향상 이전과 이후가 어떻게 보이는가를 알 수 있다.

여기서 알 수 있듯이, 왼쪽의 입력 영상은 어둡다. 그것을 처리하기 위해 화소값들이 0과 255 사이에 골고루 퍼지도록 할 필요가 있다.

다음은 화소값들을 조정하는 코드이다.

```
import cv2
import numpy as np

img = cv2.imread('images/input.jpg', 0)

# equalize the histogram of the input image
histeq = cv2.equalizeHist(img)

cv2.imshow('Input', img)
cv2.imshow('Histogram equalized', histeq)
cv2.waitKey(0)
```

히스토그램 균일화는 그레이 영상에 적용 가능하다. OpenCV는 이 효과를 얻기 위해 equalizeHist라는 함수를 제공한다. 여기서 볼 수 있듯이, 코드는 아주 단순하다. 영상의 대비를 조정하기 위해 영상을 읽어 들이고, 히스토그램을 균일화한다.

컬러 영상을 어떻게 다룰 것인가?

이제 우리는 그레이 영상에 대해 히스토그램 균일화를 하는 방법을 알았다. 당신은 컬러 영상은 어떻게 히스토그램 균일화 하는 지에 대해 궁금해 할 것이다. 히스토그램 균일화는 비선형 처리이다. 우리는 RGB 3개의 채널을 단순히 분리해, 따로 히스토그램 균일화를 하고, 출력 영상을 만들기 위해 나중에 합칠 수는 없다. 히스토그램 균일화의 개념은 단지 영상의 밝기값에만 적용가능하다. 따라서 우리는 히스토그램 균일화할 때 컬러 정보를 수정하지 않도록 해야 한다.

컬러 영상의 히스토그램 균일화를 하기 위해, 우리는 컬러 영상을 컬러 정보와 밝기값이 분리되는 컬러공간으로 바꿀 필요가 있다. YUV는 그러한 컬러공간의 좋은 예이다. 일단 입력 영상을 YUV로 바꾸고, Y 채널을 균일화하고, 이것을 다른 2개 채널과 합쳐서 출력 영상을 만든다.

다음은 이것에 대한 예이다.

컬러 영상에 대한 히스토그램 균일화를 수행하기 위한 코드가 다음에 있다.

```python
import cv2
import numpy as np

img = cv2.imread('images/input.jpg')

img_yuv = cv2.cvtColor(img, cv2.COLOR_BGR2YUV)

# equalize the histogram of the Y channel
img_yuv[:,:,0] = cv2.equalizeHist(img_yuv[:,:,0])

# convert the YUV image back to RGB format
img_output = cv2.cvtColor(img_yuv, cv2.COLOR_YUV2BGR)

cv2.imshow('Color input image', img)
cv2.imshow('Histogram equalized', img_output)

cv2.waitKey(0)
```

요약

이 장에서는 영상에 멋진 가시적 효과들을 얻기 위해 사용하는 방법을 배웠다. 우리는 기본적인 영상처리 연산자들과 다양한 영상을 만들기 위해 그것들을 어떻게 사용할 수 있는지에 대해 논의하였다. 우리는 2D 컨벌루션의 중요성과 그 사용법을 논의했다. 스무딩, 모션 블러, 샤프닝, 엠보싱, 침식 그리고 팽창하는 방법을 논의했다. 우리는 비네트 필터의 생성 방법과 또한 우리의 관심 영역을 어떻게 바꾸는지를 배웠다. 우리는 영상의 대비 향상에 대해 논의했고, 그것을 얻기 위해 히스토그램 균일화 사용 방법을 논의했다.

다음 장에서는 주어진 영상을 카툰화(cartoonization)하는 방법을 논의할 것이다.

## Chapter 03

영상의 카툰화

3장에서 다루는 학습 내용

- 웹캠 접근 방법
- 비디오 스트림 동안 키보드와 마우스 입력 방법
- 상호작용 응용을 만드는 방법
- 고급 영상 필터 사용 방법
- 영상 카툰화 방법

소개

이번 장에서, 우리는 영상을 카툰같은 영상으로 바꾸는 방법을 배우려고 한다. 웹캠을 접근하는 방법을 배울 것이며, 비디오 스트림 동안에 키보드/마우스 입력을 취하는 방법을 배울 것이다. 우리는 또한 고급 영상 필터들에 대해 배울 것이며, 이들을 영상 카툰화 하는 데 어떻게 사용할 수 있는지 배우게 될 것이다.

웹캠에 접근

웹캠(webcam)으로부터 비디오 스트림을 사용해 재미있는 응용을 만들 수 있다. OpenCV는 웹캠의 열기와 마무리와 관련된 모든 것을 다루는 비디오 캡처 객체를 제공한다. 우리가 해야 할 일은 이 객체를 만들고 객체를 통해 프레임을 읽어 들이는 것이다.

다음 코드는 웹캠을 시작하고, 프레임을 캡처하고, 요소 2로 크기를 줄여 윈도우에 출력하는 것이다. 루프를 빠져 나오기 위해 Esc 키를 누를 수 있다.

```python
import cv2

cap = cv2.VideoCapture(0)

# Check if the webcam is opened correctly
if not cap.isOpened():
    raise IOError("Cannot open webcam")

while True:
    ret, frame = cap.read()
    frame = cv2.resize(frame, None, fx=0.5, fy=0.5,
interpolation=cv2.INTER_AREA)
    cv2.imshow('Input', frame)

    c = cv2.waitKey(1)
    if c == 27:
        break

cap.release()
cv2.destroyAllWindows()
```

내부 살펴보기

앞의 코드에서 보듯이, 비디오 객체 cap을 만들기 위해 우리는 OpenCV의 VideoCapture 함수를 사용한다. 일단 객체가 만들어지면, 무한 루프를 시작시키고 키보드 인터럽트를 만날 때까지 우리는 웹캠에서 프레임을 읽어 들인다.

while 루프의 첫 라인에서 다음과 같은 문장을 만난다.

```
ret, frame = cap.read()
```

여기서, ret는 읽기 함수에서 리턴이 되는 Boolean 값이다. 이것은 프레임이 성공적으로 캡처되었는지를 가리킨다. 만일 프레임이 정상적으로 캡처되었다면, 그것을 변수 frame에 저장한다. 이 루프는 우리가 Esc 키를 누를 때까지 계속된다. 다음 라인을 사용해 키보드 인터럽트를 점검한다.

```
if c == 27:
```

아시다시피, ASCII 값으로 Esc는 27이다. 일단 이 값을 만나면, 우리는 루프를 빠져나와 비디오 객체를 릴리스 한다. cap.release()는 중요하다. 왜냐하면 웹캠을 적절하게 마무리하기 때문이다.

캡처 옵션 확장

앞에서 설명한 코드에서, cv2.VideoCapture(0)은 자동 감지 리더 구현을 사용해 기본적으로 연결된 웹캠의 사용을 정의한다. 웹캠에서 영상을 읽는 방법과 관련된 여러 옵션들이 있다.

이 책을 쓰는 시점에 OpenCV 버전 3.3.0으로 사용 가능한 웹캠들을 나열하는 적절한 방법이 없었다. 그러므로 이 코드를 실행할 때 여러 개의 웹캠들이 연결된 경우, 원하는 VideoCapture를 사용할 때까지 VideoCapture의 인덱스 값을 늘려야 한다.

cv2.CAP_FFMPEG와 cv2.CAP_IMAGES, 또는 cv2.CAP_*로 시작하는 모든 것들과 같이 복수 개를 사용할 수 있는 경우, 특정 리더(reader) 구현을 강제 실행할 수도 있다. 예를 들어, 웹캠 인덱스 1에서 QuickTime 리더를 사용할 수 있다.

```
cap = cv2.VideoCapture(1 + cv2.CAP_QT) // Webcam index 1 + reader
implementation QuickTime
```

● 키보드 입력

비디오 웹캠으로부터 비디오 스트림을 캡처하는 방법을 알았다. 이제 비디오 스트림을 출력하는 윈도우와 상호작용하기 위해 키보드 사용법을 살펴보자.

```python
import cv2

def print_howto():
    print("""
        Change color space of the
        input video stream using keyboard controls. The control keys are:
            1. Grayscale - press 'g'
            2. YUV - press 'y'
            3. HSV - press 'h'
    """)

if __name__=='__main__':
    print_howto()
    cap = cv2.VideoCapture(0)

    # Check if the webcam is opened correctly
    if not cap.isOpened():
        raise IOError("Cannot open webcam")

    cur_mode = None
    while True:
        # Read the current frame from webcam
        ret, frame = cap.read()

        # Resize the captured image
        frame = cv2.resize(frame, None, fx=0.5, fy=0.5,
interpolation=cv2.INTER_AREA)

        c = cv2.waitKey(1)
        if c == 27:
            break
```

```
        # Update cur_mode only in case it is different and key was pressed
        # In case a key was not pressed during the iteration result is -1
    or 255, depending
        # on library versions
        if c != -1 and c != 255 and c != cur_mode:
            cur_mode = c

        if cur_mode == ord('g'):
            output = cv2.cvtColor(frame, cv2.COLOR_BGR2GRAY)
        elif cur_mode == ord('y'):
            output = cv2.cvtColor(frame, cv2.COLOR_BGR2YUV)
        elif cur_mode == ord('h'):
            output = cv2.cvtColor(frame, cv2.COLOR_BGR2HSV)
        else:
            output = frame
        cv2.imshow('Webcam', output)

    cap.release()
    cv2.destroyAllWindows()
```

응용과 상호작용

앞의 프로그램은 입력 비디오를 출력하고 컬러 공간을 변환하기 위해 키보드 입력을 기다린다. 만일 당신이 이 프로그램을 수행한다면, 웹캠으로부터 받은 비디오를 출력하는 윈도우를 보게 될 것이다. 만일 당신이 G 키를 누르면, 입력 스트림의 컬러 공간이 그레이스케일로 바뀌는 것을 보게 된다. 만일 당신이 Y 키를 누르면, 입력 스트림은 YUV 컬러 공간으로 바뀐다. 마찬가지로, H 키를 누르면, 당신은 영상이 HSV 컬러 공간으로 바뀌는 것을 볼 것이다.

 우리가 알듯이, 키보드 이벤트를 기다리기 위해 waitKey() 함수를 사용한다. 다른 키 입력을 만나면 적절한 행동을 수행한다. 우리가 ord() 함수를 사용하는 이유는 waitKey()가 입력 키보드들의 ASCII 값을 리턴하기 때문이다. 따라서 우리는 이 값들을 점검하기 이전에 키보드의 문자를 ASCII로 바꿀 필요가 있다.

마우스 입력

이 절에서는 윈도우와 상호작용하기 위한 마우스의 사용법을 보게 될 것이다. 간단한 예로 시작하자. 마우스 클릭이 탐지되는 사분면을 알아내는 프로그램을 만들 것이다. 일단 사분면이 탐지되면 그 사분면을 하이라이트 할 것이다.

```python
import cv2
import numpy as np

def detect_quadrant(event, x, y, flags, param):
    if event == cv2.EVENT_LBUTTONDOWN:
        if x > width/2:
            if y > height/2:
                point_top_left = (int(width/2), int(height/2))
                point_bottom_right = (width-1, height-1)
            else:
                point_top_left = (int(width/2), 0)
                point_bottom_right = (width-1, int(height/2))

        else:
            if y > height/2:
                point_top_left = (0, int(height/2))
                point_bottom_right = (int(width/2), height-1)
            else:
                point_top_left = (0, 0)
                point_bottom_right = (int(width/2), int(height/2))

        img = param["img"]
        # Repaint all in white again
        cv2.rectangle(img, (0,0), (width-1,height-1), (255,255,255), -1)
        # Paint green quadrant
        cv2.rectangle(img, point_top_left, point_bottom_right, (0,100,0),
-1)

if __name__=='__main__':
```

```
width, height = 640, 480
img = 255 * np.ones((height, width, 3), dtype=np.uint8)
cv2.namedWindow('Input window')
cv2.setMouseCallback('Input window', detect_quadrant, {"img": img})

while True:
    cv2.imshow('Input window', img)
    c = cv2.waitKey(1)
    if c == 27:
        break

cv2.destroyAllWindows()
```

결과는 다음 그림과 같은 어떤 것이 될 것이다.

이면에 어떤 일이 생겼나?

이 프로그램의 메인으로부터 시작하자. 우리는 마우스를 사용하여 클릭할 흰색 영상을 만들자. 그리고 윈도우에 이름을 붙이고, 이 윈도우에 마우스 콜백 함수를 바인딩한다. 마우스 콜백 함수는 기본적으로 마우스 이벤트가 탐지되었을 때 불리어지는 함수이다. 클릭, 더블-클릭, 드래깅 등과 같은 많은 마우스 이벤트가 있다. 우리의 경우는 마우스 클릭만을 탐지하기 원한다. 사분면 탐지 함수에서, 어떤 행위가 수행되었는지를 보기 위해 우리는 첫째 입력 인수를 점검한다. OpenCV는 미리 정의된 일련의 이벤트들을 제공한다. 우리는 특정 키워드를 통해 그들을 부를 수 있다. 만일 모든 마우스 이벤트 리스트를 보기 원한다면, Python 쉘로 가서 다음을 타이핑하라.

```
>>> import cv2
>>> print([x for x in dir(cv2) if x.startswith('EVENT')])
```

detect_quadrant 함수에서 두, 세 번째 인수는 마우스 클릭 이벤트의 X, Y 좌표를 제공한다. 일단 우리가 이 좌표들을 안다면, 이것이 어느 사분면에 있는지를 결정하는 것은 쉽다. 이 정보를 가지고 우리는 cv2.rectangle()을 사용하여 특정한 컬러로 사각형을 그린다. 이것은 특정한 컬러로 영상 위에다 사각형을 그리기 위해 좌상단 점과 우하단 점을 사용하는 편리한 함수이다.

● 비디오 스트림과 상호작용

웹캠으로부터 취한 비디오 스트림과 상호작용하기 위해 마우스를 어떻게 사용하는지를 살펴보자. 우리는 마우스로 영역을 선택할 수 있고, 선택된 영역에 다음에 보여주는 것 같이 "음화 필름(negative film)" 효과를 적용할 수 있다.

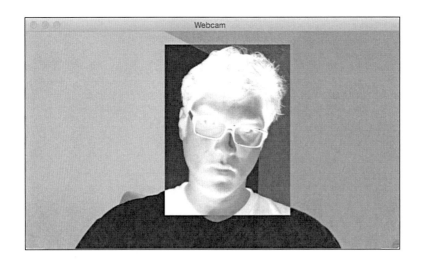

다음의 프로그램에서, 우리는 웹캠에서 비디오 스트림을 취하고, 마우스로 관심 영역을 선택한 다음, 이 효과를 적용할 것이다.

```python
import cv2
import numpy as np

def update_pts(params, x, y):
    global x_init, y_init
    params["top_left_pt"] = (min(x_init, x), min(y_init, y))
    params["bottom_right_pt"] = (max(x_init, x), max(y_init, y))
    img[y_init:y, x_init:x] = 255 - img[y_init:y, x_init:x]

def draw_rectangle(event, x, y, flags, params):
    global x_init, y_init, drawing
    # First click initialize the init rectangle point
    if event == cv2.EVENT_LBUTTONDOWN:
        drawing = True
        x_init, y_init = x, y
    # Meanwhile mouse button is pressed, update diagonal rectangle point
    elif event == cv2.EVENT_MOUSEMOVE and drawing:
        update_pts(params, x, y)
    # Once mouse botton is release
    elif event == cv2.EVENT_LBUTTONUP:
        drawing = False
        update_pts(params, x, y)

if __name__=='__main__':
    drawing = False
    event_params = {"top_left_pt": (-1, -1), "bottom_right_pt": (-1, -1)}

    cap = cv2.VideoCapture(0)

    # Check if the webcam is opened correctly
    if not cap.isOpened():
        raise IOError("Cannot open webcam")

    cv2.namedWindow('Webcam')
```

```
# Bind draw_rectangle function to every mouse event
cv2.setMouseCallback('Webcam', draw_rectangle, event_params)

while True:
    ret, frame = cap.read()
    img = cv2.resize(frame, None, fx=0.5, fy=0.5,
interpolation=cv2.INTER_AREA)
    (x0,y0), (x1,y1) = event_params["top_left_pt"],
event_params["bottom_right_pt"]
    img[y0:y1, x0:x1] = 255 - img[y0:y1, x0:x1]
    cv2.imshow('Webcam', img)

    c = cv2.waitKey(1)
    if c == 27:
        break

cap.release()
cv2.destroyAllWindows()
```

만일 앞의 프로그램을 당신이 수행한다면, 윈도우에 비디오 스트림이 출력되는 것을 볼 것이다. 당신은 마우스를 사용하여 윈도우 상에 사각형을 그릴 수 있고, 당신은 그 영역이 음화로 바뀌는 것을 보게 될 것이다.

어떻게 그것을 했는가?

프로그램의 메인함수에서 보듯이, 우리는 비디오 캡처 객체를 초기화한다. 그리고 draw_rectangle 함수를 마우스 콜백과 다음 라인과 같이 바인딩한다.

```
cv2.setMouseCallback('Webcam', draw_rectangle, event_params)
```

무한 루프를 시작하고, 비디오 스트림을 캡처하기 시작한다. draw_rectangle 함수에서 무슨 일이 일어나고 있는지를 보자. 마우스로 사각형을 그릴 때마다, 우리는 기본적으로 3가지 형태의 마우스 이벤트(마우스 클릭, 마우스 이동, 마우스 버튼 릴리스)를 탐지해야 한다. 이 것이 바로 우리가 이 함수에서 하는 것이다. 마우스 클릭 이벤트를 탐지할 때 마다, 먼저 우리는 사각형의 좌상단 점을 초기화한다. 그리고 마우스를 움직이면, 현재의 위치를 사각형의 우하단 점으로 유지함으로써 관심 영역을 선택한다.

일단 관심 영역이 선택되면, 음화 효과를 적용하기 위해 화소들을 바꾼다. 즉, 현재의 화소 값을 255에서 뺌으로써 원하는 효과를 얻는다. 마우스의 움직임이 멈추고 버튼-업 이벤트가 탐지될 때, 우리는 사각형의 우하단 위치 업데이트하는 것을 멈춘다. 우리는 다시 마우스 클릭 이벤트가 탐지될 때까지 이 영상을 계속 디스플레이한다.

● 영상의 카툰화

이제 우리는 웹캠과 키보드/마우스 입력을 다루는 방법을 알았다. 이제 그림을 카툰화(cartoonizing) 영상처럼 바꾸는 방법을 알아보자. 우리는 영상을 스케치나 컬러 카툰화 같은 영상으로 바꿀 수 있다.

다음은 스케치가 무엇처럼 보이는지에 대한 예이다.

만일 카툰 효과를 컬러 영상에 적용한다면, 다음 영상처럼 보이게 될 것이다.

이것을 어떻게 할 수 있는지를 살펴보자.

```python
import cv2
import numpy as np

def print_howto():
    print("""
        Change cartoonizing mode of image:
            1. Cartoonize without Color - press 's'
            2. Cartoonize with Color - press 'c'
    """)

def cartoonize_image(img, ksize=5, sketch_mode=False):
    num_repetitions, sigma_color, sigma_space, ds_factor = 10, 5, 7, 4
    # Convert image to grayscale
    img_gray = cv2.cvtColor(img, cv2.COLOR_BGR2GRAY)

    # Apply median filter to the grayscale image
    img_gray = cv2.medianBlur(img_gray, 7)

    # Detect edges in the image and threshold it
    edges = cv2.Laplacian(img_gray, cv2.CV_8U, ksize=ksize)
    ret, mask = cv2.threshold(edges, 100, 255, cv2.THRESH_BINARY_INV)
    # 'mask' is the sketch of the image
```

```python
    if sketch_mode:
        return cv2.cvtColor(mask, cv2.COLOR_GRAY2BGR)

    # Resize the image to a smaller size for faster computation
    img_small = cv2.resize(img, None, fx=1.0/ds_factor, fy=1.0/ds_factor,
interpolation=cv2.INTER_AREA)

    # Apply bilateral filter the image multiple times
    for i in range(num_repetitions):
        img_small = cv2.bilateralFilter(img_small, ksize, sigma_color,
sigma_space)

    img_output = cv2.resize(img_small, None, fx=ds_factor, fy=ds_factor,
interpolation=cv2.INTER_LINEAR)

    dst = np.zeros(img_gray.shape)

    # Add the thick boundary lines to the image using 'AND' operator
    dst = cv2.bitwise_and(img_output, img_output, mask=mask)
    return dst

if __name__=='__main__':
    print_howto()
    cap = cv2.VideoCapture(0)

    cur_mode = None
    while True:
        ret, frame = cap.read()
        frame = cv2.resize(frame, None, fx=0.5, fy=0.5,
interpolation=cv2.INTER_AREA)

        c = cv2.waitKey(1)
        if c == 27:
            break

        if c != -1 and c != 255 and c != cur_mode:
            cur_mode = c
```

```
        if cur_mode == ord('s'):
            cv2.imshow('Cartoonize', cartoonize_image(frame, ksize=5,
sketch_mode=True))
        elif cur_mode == ord('c'):
            cv2.imshow('Cartoonize', cartoonize_image(frame, ksize=5,
sketch_mode=False))
        else:
            cv2.imshow('Cartoonize', frame)

    cap.release()
    cv2.destroyAllWindows()
```

코드의 해부(Deconstructing the code)

당신은 앞의 프로그램을 수행할 때, 웹캠으로부터 받은 비디오 스트림이 윈도우에 나타나는 것을 볼 것이다. 만일 당신이 S 키를 누르면, 비디오 스트림은 스케치 모드로 바뀌고, 연필로 그린 것 같은 그림을 보게 될 것이다. 만일 단신이 C 키를 누르면, 입력 스트림의 컬러 카툰 화를 보게 될 것이다. 그리고 만일 당신이 기타 키를 누르면, 그것은 정상적인 모드로 되돌아간다.

이제 cartoonize_image 함수를 살펴보고, 우리가 어떻게 했나를 보자. 우리는 먼저 영 상을 그레이스케일로 바꾸고, 메디안 필터를 수행한다. 메디안 필터는 후추와 소금 잡음(salt and pepper noise)을 제거하는데 아주 우수하다. 이 잡음은 영상에서 격리된 검은 점이나 흰 색 점들로 나타나는 임펄스 잡음이다. 이것은 웹캠이나 모바일 카메라에서 흔히 생기는 잡음 이며, 다른 작업을 하기 전에 우리는 이것을 제거할 필요가 있다. 예를 보기 위해 다음 영상 을 보라.

입력 영상에서 우리가 볼 수 있듯이, 많은 격리된 밝은 화소들이 있다. 이것들이 영상의 질을 떨어뜨리므로 제거할 필요가 있다. 이 경우가 바로 메디안 필터가 있어야 하는 곳이다. 각 화소 주변의 N x N 이웃들을 보고, 이들의 중간값(median)을 취하자. 이 경우 격리된 화소들은 높은 값을 가지므로 중간값을 취하면 이러한 값들이 제거되며, 영상도 부드러워진다. 결과 영상에서 당신이 볼 수 있듯이 메디안 필터는 이 격리된 화소들을 모두 제거하고 영상을 깨끗하게 만든다. 이것을 수행하는 코드가 다음에 있다.

```python
import cv2
import numpy as np

img = cv2.imread('images/input.jpg')
output = cv2.medianBlur(img, ksize=7)
cv2.imshow('Input', img)
cv2.imshow('Median filter', output)
cv2.waitKey()
```

이 코드는 단순하다. 우리는 영상에 메디안 필터를 적용하기 위해 medianBlur 함수를 사용한다. 이 함수의 두 번째 인수는 우리가 사용하는 커널의 크기를 명시한다. 커널의 크기는 고려해야할 이웃의 크기와 관계가 있다. 당신은 이 파라미터를 조절하여 결과에 어떤 영향을 미치는 지를 살펴볼 수 있다.

cartoonize_image 함수로 되돌아와서, 우리는 그레이스케일 영상에 에지를 탐지한다. 우리는 에지가 어디에 있는지를 알 필요가 있다. 그 결과, 연필 스케치 효과를 만들 수 있다. 일단 우리가 에지를 탐지하고, 문턱치를 사용한다면 그림이 흑백이 된다.

다음 단계에서, 우리는 스케치 모드가 가능한지를 검사한다. 만일 그렇다면, 컬러 영상으로 바꾸고 리턴한다. 만일 더 두꺼운 라인을 원한다면 어떻게 해야 하나? 가령 다음 그림과 같은 어떤 것을 원한다고 하자.

당신이 보다시피, 이전보다 라인들이 두꺼워졌다. 이렇게 하려면, if 코드 블록을 다음의 코드로 대치하라.

```
if sketch_mode:
    img_sketch = cv2.cvtColor(mask, cv2.COLOR_GRAY2BGR)
    kernel = np.ones((3,3), np.uint8)
    img_eroded = cv2.erode(img_sketch, kernel, iterations=1)
    return cv2.medianBlur(img_eroded, ksize=5)
```

여기서 우리는 3 x 3 크기의 침식 함수를 사용하고 있다. 이것을 이렇게 하는 이유는 라인 그리기에서 두께를 조절할 수 있는 기회를 주기 때문이다. 이제 여러분이 이렇게 질문할 수 있다. 만일 우리가 두께를 증가시키기를 원한다면, 팽창을 사용해야 하지 않는가? 이유는 분명하다. 여기에 약간의 혼란이 있다. 객체가 검정이고 배경이 흰색임에 주의해야 한다. 침식과 팽창 연산은 흰색을 객체, 검정을 배경으로 취급한다. 그래서 만일 검은색 객체의 두께를 증가시키려면, 우리는 흰색을 줄이는 침식을 사용할 필요가 있다. 따라서 침식을 적용한 후에 우리는 잡음을 제거하기 위해 메디안 필터를 사용하여 최종 결과를 얻는다.

다음 단계에서, 우리는 영상을 부드럽게 하기 위해 양방향성 필터링(bilateral filtering)을 사용한다. 양방향성 필터링은 흥미가 있는 개념이며, 그 성능이 가우시안 필터보다 우수하다. 양방향성 필터링의 장점은 에지를 보존한다는 것이다. 반면에 가우시안 필터는 모든 것을 부드럽게 만들어 버린다. 비교와 대조하기 위해 다음 입력 영상을 보자.

이전 영상에 **가우시안 필터**를 적용하자.

다음에는 **양방향성 필터**를 적용하자.

보시다시피, 만일 우리가 양방향성 필터를 사용하면 품질이 더 좋다. 영상은 부드럽고 에지는 보기 좋고 날카롭다! 이것을 수행하는 코드는 다음과 같다.

```
import cv2
import numpy as np

img = cv2.imread('images/input.jpg')

img_gaussian = cv2.GaussianBlur(img, (13,13), 0) # Gaussian Kernel Size
13x13
img_bilateral = cv2.bilateralFilter(img, 13, 70, 50)

cv2.imshow('Input', img)
cv2.imshow('Gaussian filter', img_gaussian)
cv2.imshow('Bilateral filter', img_bilateral)
cv2.waitKey()
```

만일 당신이 앞의 두 결과를 자세히 관찰한다면, 가우시안 필터된 영상의 에지는 블러링 된 것을 볼 수 있다. 일반적으로 우리가 영상의 거친 영역을 부드럽게 하기 원하고 에지는 건드리지 않기를 원한다. 이 경우가 양방향성 필터가 필요한 경우이다. 가우시안 필터는 이웃에 있는 화소들을 보고, 커널을 이용하여 화소값을 평균해 버린다. 그러나 양방향성 필터는 밝기가 서로 비슷한 화소만을 평균함으로써 이 개념을 다음 단계로 가져간다. 양방향성 필터는 밝기에서 유사한 이웃이 현재 화소를 대치할 수 있는지를 보기 위해 컬러 이웃 매트릭스를 사용한다. 함수를 한번 살펴보자.

```
img_small = cv2.bilateralFilter(img_small, size, sigma_color,
sigma_space)
```

마지막 2개의 인수는 컬러와 공간의 이웃을 정의한다. 이러한 이유로 양방향성 필터의 결과는 에지가 선명하게 보인다. 우리는 이 필터를 영상에 여러 번 반복 수행하여, 부드럽게 하면서 카툰처럼 보이게 만든다. 카툰화 효과를 만들기 위해 컬러 영상 위에 스케치 팬 같은 마스크를 중첩시킨다.

요약

이 장에서, 우리는 웹캠에 접근하는 방법을 배웠다. 우리는 비디오 스트리밍 동안 키보드와 마우스 입력을 취하는 방법을 논의했다. 우리는 이 지식을 상호작용 응용을 만드는데 사용하였다. 우리는 메디안필터와 양방향성 필터를 논의하였고, 가우시안 필터에 대비해 양방향성 필터의 장점을 말했다. 우리는 입력 영상을 스케치 같은 영상으로 바꾸고, 그것을 카툰화 하기 위해 이 모든 원리들을 사용하였다.

다음 장에서, 우리는 비디오뿐만 아니라 정지 영상에서도 신체의 다른 부분들을 탐지하는 방법을 배울 것이다.

신체 부위의 탐지와 추적

소개

이번 장에서, 우리는 비디오 스트림에서 신체 부위를 탐지하고 추적하는 방법을 배우려고 한다. 먼저, 얼굴 탐지 파이프라인을 논의할 것이며, 어떻게 그것을 기초부터 만드는 지를 논의한다. 이 프레임워크를 사용하여, 눈, 귀, 입과 같은 다른 신체 부위를 탐지하고 추적하는 방법을 배우게 될 것이다.

탐지를 위한 하르 캐스케이드(Haar cascades) 사용

우리가 하르 캐스케이드라고 말할 때, 우리는 실제로 하르 특징에 기반한 캐스캐이드 분류기를 말하고 있다. 이것이 의미하는 것을 이해하기 위해, 한 단계 뒤돌아가서 먼저 왜 이것이 필요한지부터 이해해야 한다. 2001년에, Paul Viola와 Michael Jones는 그들의 논문에서 매우 효과적인 객체 탐지 방법을 제시하였다. 이것이 머신러닝(혹은 기계학습) 분야에 중요한 이정표들 중에 하나가 되었다.

그들의 논문에서, 그들은 성능이 좋은 분류기를 얻기 위해 간단한 분류기들의 캐스케이드를 사용하는 머신러닝을 서술하였다. 이 방식으로, 우리는 높은 정밀도를 갖는 복잡한 분류기를 만드는 과정을 피할 수 있다. 이것이 놀랄만한 이유는 강력한 단일 단계 분류기를 만드는 것은 계산이 많이 요구되는 과정이기 때문이다. 이외에도, 우리는 그런 분류기를 만들기 위해 많은 훈련 데이터가 필요하다. 또한 이 경우 모델은 복잡하게 되고, 성능도 기대만큼 미치지 못할 수도 있다.

파인애플과 같은 객체를 탐지하기 원한다고 하자. 이 문제를 해결하기 위해, 우리는 파인애플이 무엇과 같은지를 배울 머신러닝 시스템을 만들 필요가 있다. 이것은 미지의 영상이 파인애플을 포함하고 있는지 없는지를 알려줄 수 있어야 한다. 이것을 이루기 위해 우리는 시스템을 훈련할 필요가 있다. 머신러닝 분야에서, 시스템을 훈련하는 많은 방법들이 있다. 이것은 당신을 위해 공을 잡아오도록 개를 훈련하는 방법과 같이 많은 방법이 있다. 우리 시스템을 훈련하기 위해, 우리는 파인애플 영상과 아닌 영상들을 가지고 있고, 이것들을 이 시스템으로 입력한다. 여기서, 파인애플 영상은 **긍정적 영상**으로 비파인애플 영상들은 **부정적인 영상**으로 부른다.

훈련에 관한한, 가능한 많은 길이 있다. 모든 전통적인 기술들은 계산량이 많고, 복잡한 모델들이다. 우리는 실시간 시스템을 만들기 위해 이러한 모델들을 사용할 수 없다. 그러므로 우리는 분류기를 간편하게 만들 필요가 있다. 그러나 만일 우리가 분류기를 간단하게 하면, 정확도는 낮아질 것이다. 머신러닝에서 속도와 정확도 사이에는 균형을 잡는 것은 흔한 일이다. 우리는 이 문제를 일련의 간단한 분류기들을 만들고, 연결하여 하나의 강력한 분류기를 형성하도록 한다. 전체 분류기가 잘 동작하도록 하기 위해, 우리는 연결 단계에서 창조적일 필요가 있다. 이것이 바로 **Viola-Jones** 방법이 효과적인 이유이다.

얼굴 탐지 주제로 되돌아가서, 얼굴을 탐지하도록 시스템을 어떻게 훈련시키는지를 보자. 만일 우리가 머신러닝 시스템을 만들기 원한다면, 먼저 영상에서 특징들을 추출할 필요가 있다. 우리의 경우, 머신러닝 알고리즘은 특징들을 얼굴이 무엇과 같은지를 배우는 데 사용할 것이다. 우리는 특징 벡터를 만들기 위해 하르 특징들을 사용한다. 하르 특징은 영상의 작은 패치들의 간단한 합과 차들이다. 시스템이 크기 불변성을 갖도록 우리는 다양한 영상 크기에 이것을 수행하도록 한다.

 만일 관심이 있다면, formulation에 대해 다음에서 배울 수 있다.
http://www.cs.ubc.ca/~lowe/425/slides/13-ViolaJones.pdf

일단 우리가 특징들을 추출한다면, 이것을 일련의 분류기들을 통해 통과하게 한다. 우리는 다만 다양한 사각형 영역들을 점검하고, 그 속에 얼굴을 가지고 있지 않는 영역들은 계속 버린다. 이런 방식으로 주어진 사각 영역이 얼굴을 포함하는지 아닌지를 보기 위한 최종적인 답에 빠르게 이르게 된다.

통합 영상이란?

만일 우리가 하르 특징을 계산하기 원한다면, 영상 안에 있는 많은 다른 사각영역들의 합을 계산해야 한다. 만일 우리가 효과적으로 특징 집합을 만들기 원한다면, 다양한 크기에서 합을 계산할 필요가 있다. 이것은 매우 값비싼 과정이다! 만일 우리가 실시간 시스템을 원한다면, 이 합을 계산하는데 많은 시간을 소모할 필요가 없다. 그래서 우리는 **통합 영상**이라 불리는 어떤 것을 사용한다.

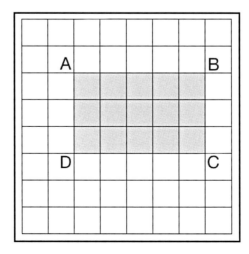

영상에서 사각형 합을 계산하기 위해, 우리는 사각형 영역 안에 있는 모든 요소들을 고려할 필요가 없다. AP는 대각선의 양끝 점들인, 좌상단 점과 영상 내의 점 P로 형성되는 사각형 내의 모든 요소들의 합을 가리킨다고 하자. 이제, 사각형 ABCD의 면적을 계산하기 원한다면, 다음의 수식을 사용할 수 있다.

Area of the rectangle ABCD = AC − (AB + AD − AA)

왜 우리가 이 특정 수식을 고려하는가? 이전에 논의했듯이, 하르 특징 추출은 다양한 크기의 영상 안에 많은 사각형들의 면적을 계산하는 것을 포함하고 있다. 이 같은 많은 계산은 반복적이며, 전체 처리는 매우 느리다. 사실 너무 느려서 실시간으로 어떤 것을 처리할 수 없다. 그것이 바로 우리가 이 수식을 사용하는 이유이다! 이 접근 방법의 장점은 우리는 어떤 것을 다시 계산할 필요가 없다는 것이다. 이 수식의 오른쪽에 있는 영역의 모든 값들은 이미 사용 가능하다. 그래서 우리는 주어진 사각형의 영역을 계산하기 위해 이들을 사용하고, 특징을 추출한다.

얼굴 탐지와 추적

OpenCV는 멋진 얼굴 탐지 프레임워크를 제공한다. 우리는 캐스케이드 파일을 로드하고, 영상에서 얼굴을 탐지하기 위해 그것을 사용한다. 어떻게 하는지 다음을 보자.

```python
import cv2
import numpy as np

face_cascade =
cv2.CascadeClassifier('./cascade_files/haarcascade_frontalface_alt.xml')

cap = cv2.VideoCapture(0)
scaling_factor = 0.5

while True:
    ret, frame = cap.read()
    frame = cv2.resize(frame, None, fx=scaling_factor,
  fy=scaling_factor, interpolation=cv2.INTER_AREA)

    face_rects = face_cascade.detectMultiScale(frame, scaleFactor=1.3,
minNeighbors=3)
```

```
        for (x,y,w,h) in face_rects:
            cv2.rectangle(frame, (x,y), (x+w,y+h), (0,255,0), 3)

        cv2.imshow('Face Detector', frame)

        c = cv2.waitKey(1)
        if c == 27:
            break

    cap.release()
    cv2.destroyAllWindows()
```

앞의 코드를 수행하면, 다음 그림과 같은 것을 보게 될 것이다.

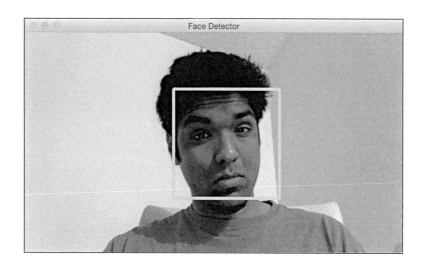

더 나은 이해

우리는 영상에서 얼굴을 탐지하기 위해 사용될 수 있는 분류기 모델이 필요하다. OpenCV 는 이 목적으로 사용될 수 있는 xml 파일을 제공한다. 우리는 xml 파일을 로드하기 위해 CascadeClassified 함수를 사용한다. 일단 웹캠에서 입력 프레임들을 캡처하기 시작하면, 그것을 그레이스케일로 바꾸고 현재 영상에서 모든 얼굴들에 대해 사각박스를 얻기 위해 detectMultiScale 함수를 사용한다. 이 함수의 두 번째 인수는 스케일 요소의 점프를 명시한다. 만일 현 스케일에 있는 영상을 발견하지 못하면, 점검할 다음 크기가 우리의 경우, 현 크기보다 1.3배 큰 것이 될 것이다. 마지막 인수는 현 사각형을 유지하기 위해 필요한 이웃 사각형들의 수를 나타내는 문턱치이다. 이것은 얼굴 탐지기의 강인성을 증가시키기 위해 사용될 수 있다.

● 얼굴 가지고 놀기

이제 우리는 얼굴을 탐지하고 추적하는 방법을 안다. 이것으로 재미있게 놀아보자. 우리가 웹캠으로부터 비디오 스트림을 캡처했을 때, 우리의 얼굴 위에 재미있는 마스크를 겹칠 수 있다. 이것은 다음 그림과 같이 보이는 어떤 것이 될 것이다.

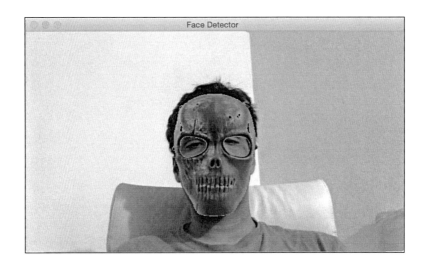

만일 당신이 Hannibal의 팬이라면, 다음의 것을 시도해 볼 수 있다.

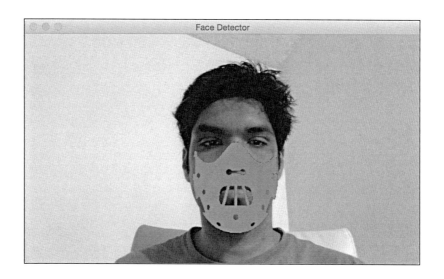

입력 비디오 스트림에서 얼굴 위에 해골 마스트를 중첩시키는 방법을 보기 위해 다음 코드를 살펴보자.

```python
import cv2
import numpy as np

face_cascade =
cv2.CascadeClassifier('./cascade_files/haarcascade_frontalface_alt.xml')

face_mask = cv2.imread('./images/mask_hannibal.png')
h_mask, w_mask = face_mask.shape[:2]

if face_cascade.empty():
    raise IOError('Unable to load the face cascade classifier xml file')

cap = cv2.VideoCapture(0)
scaling_factor = 0.5

while True:
    ret, frame = cap.read()
    frame = cv2.resize(frame, None, fx=scaling_factor, fy=scaling_factor,
interpolation=cv2.INTER_AREA)
```

```python
        face_rects = face_cascade.detectMultiScale(frame, scaleFactor=1.3,
minNeighbors=3)
    for (x,y,w,h) in face_rects:
        if h <= 0 or w <= 0: pass
        # Adjust the height and weight parameters depending on the sizes
and the locations.
        # You need to play around with these to make sure you get it right.
        h, w = int(1.0*h), int(1.0*w)
        y -= int(-0.2*h)
        x = int(x)
        # Extract the region of interest from the image
        frame_roi = frame[y:y+h, x:x+w]
        face_mask_small = cv2.resize(face_mask, (w, h),
interpolation=cv2.INTER_AREA)

        # Convert color image to grayscale and threshold it
        gray_mask = cv2.cvtColor(face_mask_small, cv2.COLOR_BGR2GRAY)
        ret, mask = cv2.threshold(gray_mask, 180, 255,
cv2.THRESH_BINARY_INV)

        # Create an inverse mask
        mask_inv = cv2.bitwise_not(mask)

        try:
            # Use the mask to extract the face mask region of interest
            masked_face = cv2.bitwise_and(face_mask_small, face_mask_small,
mask=mask)
            # Use the inverse mask to get the remaining part of the image
            masked_frame = cv2.bitwise_and(frame_roi, frame_roi,
mask=mask_inv)
        except cv2.error as e:
            print('Ignoring arithmentic exceptions: '+ str(e))

        # add the two images to get the final output
        frame[y:y+h, x:x+w] = cv2.add(masked_face, masked_frame)

    cv2.imshow('Face Detector', frame)
```

```
        c = cv2.waitKey(1)
        if c == 27:
            break

    cap.release()
    cv2.destroyAllWindows()
```

내부 들어다 보기

앞서와 같이 먼저, 캐스케이드 분류기 xml 파일을 로드한다. 얼굴 탐지 단계들이 이후와 같이 일반적으로 수행된다. 우리는 무한 루프를 시작하고, 모든 프레임에서 얼굴 탐지를 계속한다. 일단 우리가 얼굴이 어디에 있는지를 알면, 마스크를 적당히 맞게 하기 위해 좌표를 약간 수정할 필요가 있다. 이러한 작업은 주관적이고, 마스크에 따라 다르다. 다른 마스크들은 자연스럽게 보이기 위해 다른 수준의 조정들을 필요로 한다. 우리는 다음 라인과 같이 입력 프레임에서 관심 영역(ROI)을 추출한다.

```
    frame_roi = frame[y:y+h, x:x+w]
```

이제 우리는 원하는 관심 영역을 가졌고, 마스크를 그 위에 겹칠 필요가 있다. 마스크가 관심 영역에 맞게 하기 위해 입력 마스크의 크기를 조절한다. 입력 마스크는 흰색 배경을 가지고 있다. 만일 이것을 관심 영역 위에 중첩시키면, 마스크의 흰색 배경 때문에 부자연스럽다. 우리는 해골 마스크만 중첩시키고 나머지 영역은 투명하게 할 필요가 있다.

다음 단계에서, 우리는 해골 영상에 문턱치를 사용해 마스크를 만든다. 배경이 흰색이므로, 우리는 문턱치를 사용해 180 이상의 큰 값을 가지는 화소들을 0으로 되게 하고 나머지는 255가 되게 한다. 관심 영역과 관련하여, 이 마스크 영역에 있는 모든 것은 없앨 필요가 있다. 우리는 단순히 우리가 방금 만든 마스크의 역(inverse)을 사용하여 그것을 할 수 있다. 일단 해골 영상의 마스크와 입력 관심 영역 버전을 가졌다면, 이제 우리는 최종 영상을 얻기 위해 이들을 더할 수 있다.

오버레이 영상에서 알파 채널 제거

오버레이 영상을 사용하기 때문에 레이어의 검은 픽셀을 만들 수 있으므로, 코드 결과에 바람직하지 않은 영향을 줄 수 있다. 이 문제를 피하기 위해 다음 코드는 오버레이 영상에서 알파 채널 레이어를 제거하므로, 이 장의 샘플 코드에서 좋은 결과를 얻을 수 있다.

```python
import numpy as np
import cv2

def remove_alpha_channel(source, background_color):
    source_img = cv2.cvtColor(source[:,:,:3], cv2.COLOR_BGR2GRAY)
    source_mask = source[:,:,3] * (1 / 255.0)
    bg_part = (255 * (1 / 255.0)) * (1.0 - source_mask)
    weight = (source_img * (1 / 255.0)) * (source_mask)
    dest = np.uint8(cv2.addWeighted(bg_part, 255.0, weight, 255.0, 0.0))
    return dest

orig_img = cv2.imread('./images/overlay_source.png', cv2.IMREAD_UNCHANGED)
dest_img = remove_alpha_channel(orig_img)
cv2.imwrite('images/overlay_dest.png', dest_img,
[cv2.IMWRITE_PNG_COMPRESSION])
```

● 눈 탐지

우리는 얼굴을 탐지하는 방법을 이해하였다. 이제 신체의 다른 일부를 탐지하기 위한 개념을 일반화 할 수 있다. Viloa-Jones 프레임워크가 어떤 객체에도 적용될 수 있다는 것을 이해하는 것은 중요하다. 탐지의 정밀도와 강도는 객체의 유일한 특성에 따라 달라질 수 있다. 예로서, 사람의 얼굴은 유일한 특성을 가진다. 따라서 시스템을 강인하도록 훈련하는 것은 쉽다. 한편 타올과 같은 객체는 너무 일반적이어서, 구분할 만한 특성이 없다. 따라서 타올 탐지기를 만드는 것은 더욱 어렵다.

눈 탐지기를 만드는 방법을 살펴보자.

```python
import cv2
import numpy as np

face_cascade =
cv2.CascadeClassifier('./cascade_files/haarcascade_frontalface_alt.xml')
eye_cascade = cv2.CascadeClassifier('./cascade_files/haarcascade_eye.xml')
if face_cascade.empty():
```

```python
        raise IOError('Unable to load the face cascade classifier xml file')
if eye_cascade.empty():
        raise IOError('Unable to load the eye cascade classifier xml file')

cap = cv2.VideoCapture(0)
ds_factor = 0.5

while True:
    ret, frame = cap.read()
    frame = cv2.resize(frame, None, fx=ds_factor, fy=ds_factor,
interpolation=cv2.INTER_AREA)
    gray = cv2.cvtColor(frame, cv2.COLOR_BGR2GRAY)

    faces = face_cascade.detectMultiScale(gray, scaleFactor=1.3,
minNeighbors=1)
    for (x,y,w,h) in faces:
        roi_gray = gray[y:y+h, x:x+w]
        roi_color = frame[y:y+h, x:x+w]
        eyes = eye_cascade.detectMultiScale(roi_gray)
        for (x_eye,y_eye,w_eye,h_eye) in eyes:
            center = (int(x_eye + 0.5*w_eye), int(y_eye + 0.5*h_eye))
            radius = int(0.3 * (w_eye + h_eye))
            color = (0, 255, 0)
            thickness = 3
            cv2.circle(roi_color, center, radius, color, thickness)

    cv2.imshow('Eye Detector', frame)

    c = cv2.waitKey(1)
    if c == 27:
        break

cap.release()
cv2.destroyAllWindows()
```

당신이 이 프로그램을 수행하면, 다음 그림과 같은 결과를 보게 될 것이다.

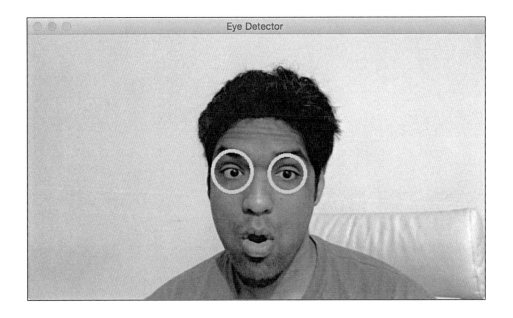

후기(After thought)

당신이 알다시피, 이 프로그램이 얼굴 탐지 프로그램과 유사하다. 얼굴 탐지 캐스케이드 분류기 로드와 함께 우리는 눈 탐지 캐스케이드 분류기를 로드한다. 기술적으로 우리는 얼굴 탐지기를 필요하지 않는다. 그러나 우리는 사람들의 얼굴에 눈이 항상 있다는 것을 안다. 우리는 이 정보를 사용하여 관심 영역, 즉 얼굴에서 눈을 찾는다. 우리는 먼저 얼굴을 찾고, 이 찾은 결과 영상에서 눈 탐지기를 수행한다. 이 방법이 빠르고, 효과적이다.

눈 이용한 놀이

이제 우리는 영상에서 눈을 탐지하는 방법을 알았으므로, 이것으로 재미있는 어떤 것을 할 수 있는지 알아보자. 우리는 다음 스크린샷과 같이 보이는 어떤 것을 할 수 있다.

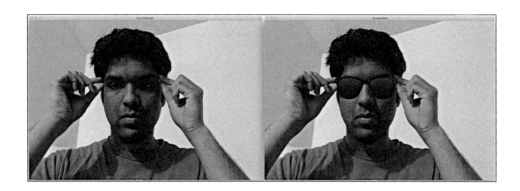

이와 같은 것을 하기 위한 코드를 보자.

```python
import cv2
import numpy as np

face_cascade =
cv2.CascadeClassifier('./cascade_files/haarcascade_frontalface_alt.xml')
eye_cascade = cv2.CascadeClassifier('./cascade_files/haarcascade_eye.xml')

if face_cascade.empty():
    raise IOError('Unable to load the face cascade classifier xml file')
if eye_cascade.empty():
    raise IOError('Unable to load the eye cascade classifier xml file')

cap = cv2.VideoCapture(0)
sunglasses_img = cv2.imread('images/sunglasses.png')

while True:
    ret, frame = cap.read()
    frame = cv2.resize(frame, None, fx=0.5, fy=0.5,
interpolation=cv2.INTER_AREA)
```

```python
    vh, vw = frame.shape[:2]
    vh, vw = int(vh), int(vw)

    gray = cv2.cvtColor(frame, cv2.COLOR_BGR2GRAY)
    faces = face_cascade.detectMultiScale(gray, scaleFactor=1.3,
minNeighbors=1)
    centers = []

    for (x,y,w,h) in faces:
        roi_gray = gray[y:y+h, x:x+w]
        roi_color = frame[y:y+h, x:x+w]
        eyes = eye_cascade.detectMultiScale(roi_gray)
        for (x_eye,y_eye,w_eye,h_eye) in eyes:
            centers.append((x + int(x_eye + 0.5*w_eye), y + int(y_eye +
0.5*h_eye)))
    if len(centers) > 1: # if detects both eyes
        h, w = sunglasses_img.shape[:2]
        # Extract the region of interest from the image
        eye_distance = abs(centers[1][0] - centers[0][0])
        # Overlay sunglasses; the factor 2.12 is customizable depending on
the size of the face
        sunglasses_width = 2.12 * eye_distance
        scaling_factor = sunglasses_width / w
        print(scaling_factor, eye_distance)
        overlay_sunglasses = cv2.resize(sunglasses_img, None,
fx=scaling_factor, fy=scaling_factor, interpolation=cv2.INTER_AREA)

        x = centers[0][0] if centers[0][0] < centers[1][0] else
centers[1][0]
        # customizable X and Y locations; depends on the size of the face
        x -= int(0.26*overlay_sunglasses.shape[1])
        y += int(0.26*overlay_sunglasses.shape[0])
        h, w = overlay_sunglasses.shape[:2]
        h, w = int(h), int(w)
        frame_roi = frame[y:y+h, x:x+w]
        # Convert color image to grayscale and threshold it
```

```
        gray_overlay_sunglassess = cv2.cvtColor(overlay_sunglasses,
cv2.COLOR_BGR2GRAY)
        ret, mask = cv2.threshold(gray_overlay_sunglassess, 180, 255,
cv2.THRESH_BINARY_INV)

        # Create an inverse mask
        mask_inv = cv2.bitwise_not(mask)

        try:
            # Use the mask to extract the face mask region of interest
            masked_face = cv2.bitwise_and(overlay_sunglasses,
overlay_sunglasses, mask=mask)
            # Use the inverse mask to get the remaining part of the image
            masked_frame = cv2.bitwise_and(frame_roi, frame_roi,
mask=mask_inv)
        except cv2.error as e:
            print('Ignoring arithmentic exceptions: '+ str(e))
            #raise e
            # add the two images to get the final output
            frame[y:y+h, x:x+w] = cv2.add(masked_face, masked_frame)
    else:
        print('Eyes not detected')

    cv2.imshow('Eye Detector', frame)
    c = cv2.waitKey(1)
    if c == 27:
        break

cap.release()
cv2.destroyAllWindows()
```

선글라스 위치 시키기

이전에 우리가 했던 것처럼, 영상을 로드하고 눈을 탐지한다. 일단 우리가 눈을 탐지했다면,
현재 관심 영역에 선글라스 영상을 맞추기 위해 크기를 조정한다. 관심 영역을 만들기 위해

우리는 눈 사이의 거리를 고려한다. 영상의 크기를 적절히 조절하고 마스크를 생성한다. 이것은 이전에 우리가 해골 마스크를 가지고 했던 것과 유사하다. 얼굴에 선글라스 위치시키는 것은 주관적이다. 만일 당신이 다른 종류의 선글라스를 원한다면 가중치에 손을 보아야 한다.

● 귀 탐지

이제 파이프라인이 어떻게 작동하는지를 알고 있기 때문에, 바로 코드로 가자.

```python
import cv2
import numpy as np

left_ear_cascade =
cv2.CascadeClassifier('./cascade_files/haarcascade_mcs_leftear.xml')
right_ear_cascade =
cv2.CascadeClassifier('./cascade_files/haarcascade_mcs_rightear.xml')

if left_ear_cascade.empty():
    raise IOError('Unable to load the left ear cascade classifier xml file')

if right_ear_cascade.empty():
    raise IOError('Unable to load the right ear cascade classifier xml file')

cap = cv2.VideoCapture(0)
scaling_factor = 0.5
while True:
    ret, frame = cap.read()
    frame = cv2.resize(frame, None, fx=scaling_factor, fy=scaling_factor,
interpolation=cv2.INTER_AREA)
    gray = cv2.cvtColor(frame, cv2.COLOR_BGR2GRAY)

    left_ear = left_ear_cascade.detectMultiScale(gray, scaleFactor=1.3,
minNeighbors=3)
    right_ear = right_ear_cascade.detectMultiScale(gray, scaleFactor=1.3,
minNeighbors=3)
```

```
for (x,y,w,h) in left_ear:
    cv2.rectangle(frame, (x,y), (x+w,y+h), (0,255,0), 3)

for (x,y,w,h) in right_ear:
    cv2.rectangle(frame, (x,y), (x+w,y+h), (255,0,0), 3)

cv2.imshow('Ear Detector', frame)
c = cv2.waitKey(1)
if c == 27:
    break

cap.release()
cv2.destroyAllWindows()
```

만일 당신이 앞의 코드를 영상 위에 수행한다면, 당신은 다음과 같은 스크린샷을 보게 될 것이다.

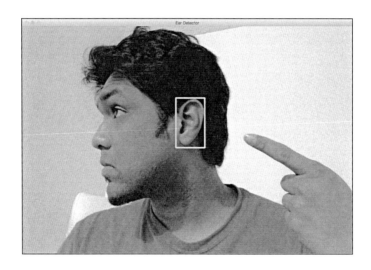

● 입 탐지

이번에는 하르 분류기를 사용하여 입력 비디오 스트림에서 입 위치를 추출하고, 이 코드 아래의 코드에서 이러한 좌표를 사용하여 얼굴에 콧수염을 두려고 한다.

```python
import cv2
import numpy as np

mouth_cascade =
cv2.CascadeClassifier('./cascade_files/haarcascade_mcs_mouth.xml')
if mouth_cascade.empty():
    raise IOError('Unable to load the mouth cascade classifier xml file')

cap = cv2.VideoCapture(0)
ds_factor = 0.5

while True:
    ret, frame = cap.read()
    frame = cv2.resize(frame, None, fx=ds_factor, fy=ds_factor,
interpolation=cv2.INTER_AREA)
    gray = cv2.cvtColor(frame, cv2.COLOR_BGR2GRAY)

    mouth_rects = mouth_cascade.detectMultiScale(gray, scaleFactor=1.7,
minNeighbors=11)
    for (x,y,w,h) in mouth_rects:
        y = int(y - 0.15*h)
        cv2.rectangle(frame, (x,y), (x+w,y+h), (0,255,0), 3)
        break

    cv2.imshow('Mouth Detector', frame)

    c = cv2.waitKey(1)
    if c == 27:
        break

cap.release()
cv2.destroyAllWindows()
```

다음은 그 결과 영상의 모습이다.

● 수염 붙이기

수염을 겹쳐 붙여보자.

```python
import cv2
import numpy as np

mouth_cascade =
cv2.CascadeClassifier('./cascade_files/haarcascade_mcs_mouth.xml')

moustache_mask = cv2.imread('./images/moustache.png')
h_mask, w_mask = moustache_mask.shape[:2]

if mouth_cascade.empty():
    raise IOError('Unable to load the mouth cascade classifier xml file')

cap = cv2.VideoCapture(0)
scaling_factor = 0.5
```

```
while True:
    ret, frame = cap.read()
    frame = cv2.resize(frame, None, fx=scaling_factor, fy=scaling_factor,
interpolation=cv2.INTER_AREA)
    gray = cv2.cvtColor(frame, cv2.COLOR_BGR2GRAY)
    mouth_rects = mouth_cascade.detectMultiScale(gray, 1.3, 5)
    if len(mouth_rects) > 0:
        (x,y,w,h) = mouth_rects[0]
        h, w = int(0.6*h), int(1.2*w)
        x -= int(0.05*w)
        y -= int(0.55*h)
        frame_roi = frame[y:y+h, x:x+w]
        moustache_mask_small = cv2.resize(moustache_mask, (w, h),
interpolation=cv2.INTER_AREA)

        gray_mask = cv2.cvtColor(moustache_mask_small, cv2.COLOR_BGR2GRAY)
        ret, mask = cv2.threshold(gray_mask, 50, 255,
cv2.THRESH_BINARY_INV)
        mask_inv = cv2.bitwise_not(mask)
        masked_mouth = cv2.bitwise_and(moustache_mask_small,
moustache_mask_small, mask=mask)
        masked_frame = cv2.bitwise_and(frame_roi, frame_roi, mask=mask_inv)
        frame[y:y+h, x:x+w] = cv2.add(masked_mouth, masked_frame)

    cv2.imshow('Moustache', frame)
    c = cv2.waitKey(1)
    if c == 27:
        break

cap.release()
cv2.destroyAllWindows()
```

여기 그 결과를 보자.

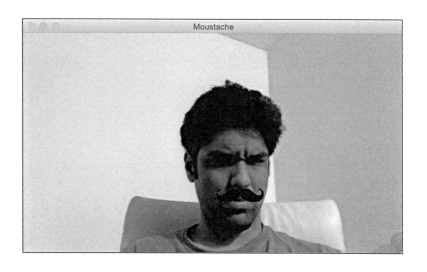

● 눈동자 탐지

이제 다른 접근 방법을 사용하려고 한다. 하르 캐스케이드를 사용하기에는 너무 일반적이다. 눈동자의 모양을 바탕으로 이것을 찾는 방법을 생각해 낼 수 있다. 다음은 출력이 어떠할 질를 보여준다.

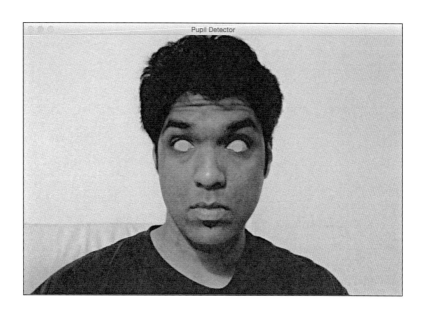

눈동자 탐지기를 만드는 방법을 살펴보자.

```python
import math

import cv2

eye_cascade = cv2.CascadeClassifier('./cascade_files/haarcascade_eye.xml')
if eye_cascade.empty():
    raise IOError('Unable to load the eye cascade classifier xml file')

cap = cv2.VideoCapture(0)
ds_factor = 0.5
ret, frame = cap.read()
contours = []

while True:
  ret, frame = cap.read()
  frame = cv2.resize(frame, None, fx=ds_factor, fy=ds_factor,
interpolation=cv2.INTER_AREA)
  gray = cv2.cvtColor(frame, cv2.COLOR_BGR2GRAY)
  eyes = eye_cascade.detectMultiScale(gray, scaleFactor=1.3,
minNeighbors=1)
  for (x_eye, y_eye, w_eye, h_eye) in eyes:
    pupil_frame = gray[y_eye:y_eye + h_eye, x_eye:x_eye + w_eye]
    ret, thresh = cv2.threshold(pupil_frame, 80, 255, cv2.THRESH_BINARY)
    cv2.imshow("threshold", thresh)
    im2, contours, hierarchy = cv2.findContours(thresh, cv2.RETR_LIST,
cv2.CHAIN_APPROX_SIMPLE)
    print(contours)

    for contour in contours:
      area = cv2.contourArea(contour)
      rect = cv2.boundingRect(contour)
      x, y, w, h = rect
      radius = 0.15 * (w + h)

      area_condition = (100 <= area <= 200)
```

```
    symmetry_condition = (abs(1 - float(w)/float(h)) <= 0.2)
    fill_condition = (abs(1 - (area / (math.pi * math.pow(radius, 2.0))))
<= 0.4)
    cv2.circle(frame, (int(x_eye + x + radius), int(y_eye + y + radius)),
int(1.3 * radius), (0, 180, 0), -1)

cv2.imshow('Pupil Detector', frame)
c = cv2.waitKey(1)
if c == 27:
  break
cap.release()
cv2.destroyAllWindows()
```

앞의 프로그램을 당신이 수행한다면, 앞의 그림과 같은 결과를 얻게 될 것이다.

코드의 분해

앞에서 언급했듯이, 우리는 눈동자 탐지를 위해 하르 캐스케이드를 사용하지 않을 것이다. 만일 우리가 미리 훈련한 분류기를 사용하지 않는다면, 눈동자를 어떻게 탐지할 수 있을 것인가? 우리는 눈동자 탐지를 위해 형태 분석을 사용할 수 있다. 눈이 둥글다는 것을 우리는 알고 있고, 이 정보를 사용해 우리는 영상에서 눈을 탐지할 수 있다. 입력영상을 인버트(invert) 하고, 그것을 다음의 라인과 같이 그레이스케일 영상으로 바꾼다.

```
gray = cv2.cvtColor(~img, cv2.COLOR_BGR2GRAY)
```

여기서 볼 수 있듯이, 틸드 연산자를 사용해 영상을 인버트할 수 있다. 우리의 경우에 인버트된 영상은 도움이 된다. 왜냐하면 눈동자는 색깔에서 검정이고, 검정은 낮은 화소값에 해당된다. 우리는 문턱치를 사용하여 영상을 검정과 흰색의 화소값만을 가지게 만든다. 이제 우리는 모든 형태의 가장자리를 찾아야 한다. OpenCV는 이를 행하는 findContours라는 멋진 함수를 제공한다. 우리는 이것에 대해 다음 장에서 더 논의하게 될 것이다. 그러나 지금 우리가 알 필요가 있는 것은 이 함수는 영상에서 발견되는 모든 형태의 가장자리의 집합을 리턴한다는 것이다.

다음 단계는 눈 모양을 구분하고 나머지는 무시하는 것이다. 우리는 원의 어떤 특성을 사용할 것이다. 경계 사각형(bounding rectangle)의 폭과 높이의 비를 생각하자. 만일 형태가 원이라면 그 비가 1이 될 것이다. 경계 사각형의 좌표를 얻기 위해 boundingRect 함수를 사용할 수 있다. 우리가 이 모양의 영역을 생각한다면, 대략적으로 이 모양의 반지름을 계산할 수 있고, 계산식을 사용해 원의 면적을 얻을 수 있다. 그러면 그 결과가 가장자리 면적과 유사해야 한다. 영상에 있는 어떤 윤곽(contour)의 면적을 계산하기 위해 우리는 contourArea 함수를 사용할 수 있다. 우리는 이러한 조건들을 사용하여 형태들을 이제 선별할 수 있다. 우리가 이러한 것을 수행한 후에, 영상에는 두 개의 눈동자가 남게 될 것이다. 우리는 얼굴이나 눈 영역으로 탐색 영역을 제한함으로써 이 일을 더 잘 할 수 있다. 당신이 얼굴과 눈의 탐지 방법을 알고 있기에, 이것을 시도해, 비디오 스트림에 대해 이것이 동작하는지를 볼 수 있다.

다른 종류의 신체 감지를 수행하고 싶다면, 차이 분류자를 찾으려 다음 링크로 가라: https://github.co.kr/opencv/opencv/tree/master/data/haarcascades

요약

이 장에서, 우리는 하르 캐스케이드와 통합 영상을 논의하였다. 우리는 얼굴 탐지 파이프 라인이 어떻게 만들어지는지를 이해했다. 우리는 비디오 스트림에서 얼굴을 탐지하고 추적하는 방법을 배웠다. 우리는 눈, 귀, 입과 같은 다양한 신체 부위를 탐지하는 얼굴 탐지 파이프라인 사용 방법을 논의했다. 우리는 눈동자를 탐지하기 위한 형태분석 원리를 사용하였다.

다음 장에서, 우리는 특징 탐지와 이것을 영상 내용 이해를 위해 어떻게 사용하는 지에 대해 논의할 것이다.

## Chapter 05

영상의 특징 추출

5장에서 다루는 학습 내용

- 키포인트의 정의와 중요성
- 키포인트 탐지법
- 영상 내용 분석을 위한 키포인트 사용법
- 키포인트 탐지를 위한 다른 기술들
- 특징 추출자를 만드는 방법

소개

이번 장에서, 우리는 영상에서 키포인트로 알려진 주요 포인트들을 탐지하는 방법을 배우려고 한다. 우리는 왜 이 키포인트들이 중요하며, 영상 내용을 이해하기 위해 그들을 어떻게 사용할지를 논의할 것이다. 우리는 키포인트들을 탐지할 수 있는 다른 기술들을 논의할 것이며, 주어진 영상에서 어떻게 특징을 추출할 수 있는지를 이해하려고 한다.

왜 키포인트를 중요시 하는가?

영상 내용 분석은 영상의 내용을 이해하는 과정을 말하며 그 결과, 우리는 그것에 근거한 행동을 취할 수 있다. 한 단계 뒤돌아가 인간은 그것을 어떻게 행하는가에 대해 이야기 해보자. 우리들의 뇌는 복잡한 일을 빨리 처리할 수 있는 막강한 기계이다. 우리가 무엇을 보고 있을 때, 뇌는 자동적으로 그 영상에서 흥미있는 것에 근거하여 흔적을 만들어 낸다. 우리는 이 장을 통해서 흥미있는 것이 무엇을 의미하는지를 논의하게 될 것이다.

현재로서, 흥미있는 것이란 그 지역에서 구별되는 어떤 것이다. 만일 우리가 흥미있는 점이라고 부른다면, 주변에는 조건을 만족시키는 다른 어떤 점은 없어야 한다. 다음 영상을 생각해 보자.

이제 눈을 감고 이 영상을 떠올려 보라. 특별한 어떤 것을 볼 수 있는가? 당신은 영상의 왼쪽 지역이 어떠했는지 기억해 낼 수 있는가? 그렇지 않다! 그 이유는 이 영상이 어떤 흥미로운 정보를 가지고 있지 않기 때문이다. 우리의 뇌가 이와 같은 것을 보았을 때, 기억할 만한 어떤 것도 없다. 따라서 뇌는 이리 저리 방황하게 된다! 다음 영상을 보자.

이제 눈을 감고 이 영상을 생각해 보라. 당신은 당신의 기억이 생생하며, 그림에 대해 자세한 것을 기억하는 것을 보게 될 것이다. 그 이유는 영상에 많은 흥미로운 지역들이 있기 때문이다. 인간의 눈은 저주파 내용에 비해 고주파 내용에 더 민감하다. 이것이 앞의 첫 번째 그림보다 두 번째 그림이 더 많이 기억되는 이유이다. 이것을 더 보여 주기 위해, 다음 그림을 보도록 하자.

비록 TV 리모콘이 그림에 중앙에 있지 않지만, 눈은 즉시 TV 리모콘 쪽으로 가는 것을 알수 있다. 우리는 영상에서 흥미있는 지역으로 솔려가는 경향이 있다. 왜냐하면 모든 정보가 그곳에 있기 때문이다. 이것은 우리 뇌가 나중에 기억하기 위해 저장할 필요가 있는 것이다.

우리가 객체 인식 시스템을 만들 때, 영상의 시그너처(signature)을 만들기 위해 이 같이 흥미 있는 지역을 탐지할 필요가 있다. 이 흥미있는 지역은 키포인트로 특징 지워진다. 이것이 바로 키포인트 탐지가 많은 현대 컴퓨터비전 시스템들에서 중요한 이유이다.

● 키포인트란 무엇인가?

이제 키포인트가 바로 영상에서 관심 있는 영역인 것을 알았다. 좀 더 깊이 들어가 보자. 키포인트는 무엇으로 구성되었나? 키포인트는 어디에 있는가? 우리가 그것이 흥미롭다고 할 때, 그것은 그 영역에 무엇이 일어난 것을 의미한다. 만일 영역이 균일하다면, 그것은 흥미로운 것이 아니다. 예로서, 모서리는 흥미롭다. 왜냐하면 두 다른 방향으로 갑작스런 밝기의 변화가 있기 때문이다. 각 코너는 두 에지가 만나는 유일한 점이다. 만일 당신이 앞의 그림들을 본다면, 흥미로운 영역들 모두가 다 흥미로운 내용으로 이루어진 것이 아닌 것을 알게 될 것이다. 만일 당신이 자세히 본다면, 복잡한 영역 내에도 평평한 영역들이 있음을 볼 수 있다. 예로서, 다음 그림을 보자.

만일 당신이 앞의 객체들을 바라본다면, 흥미있는 영역들의 내부들은 흥미롭지 않다.

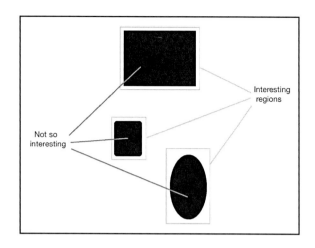

그래서 만일 우리가 이 객체의 특징을 나타낸다면, 흥미있는 점들을 선택할 필요가 있다. 어떻게 우리는 흥미있는 점들을 정의할 것인가? 흥미없는 어떤 것들이 흥미있는 어떤 것들이 될 수 있는가? 다음의 예를 살펴보자.

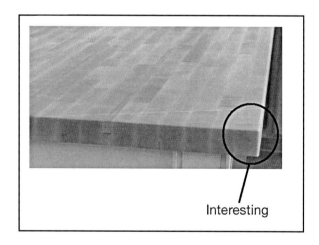

이 영상에는 에지를 따라 많은 고주파 내용이 있다. 그러나 우리는 전체 에지를 흥미롭다고 부를 수 없다. 흥미롭다는 것은 꼭 컬러나 밝기값을 말하는 것이 아니라는 것을 이해할 필요가 있다. 흥미롭다는 것은 구분이 되는 한 어떤 것도 될 수 있다. 우리는 이웃들로부터 독특한 점들을 구분할 필요가 있다. 에지를 따라 있는 점들은 그들의 이웃에 대해 독특하지는 않다. 그래서 우리는 이제 우리가 찾고자 하는 것을 안다. 우리는 어떻게 흥미 있는 점들을 선택할 것인가?

책상의 코너는 어떤가? 그것은 꽤 흥미롭다. 그렇지 않는가? 그것은 이웃들에 대비해 독특하며, 주변에 그와 같은 어떤 것이 없다. 이제 이것을 우리의 키포인트의 하나로 선택할 수 있다. 우리는 특정 영상을 특징짓기 위해 많은 이 같은 키포인트들을 취한다.

우리가 영상 분석을 할 때, 추론 전에 우리는 영상을 수치적 형태로 바꿀 필요가 있다. 이러한 키포인트들은 수치적 형태로 나타난다. 그리고 해당 영상의 시그너처(signature)를 만들기 위해 키포인트들의 조합이 사용된다. 주어진 영상을 가장 최상의 방법으로 나타내기 위해 우리는 영상 시스너처를 원한다.

● 코너 탐지

코너가 흥미롭다는 것을 우리는 알았다. 이제 어떻게 그들을 탐지할 수 있는지 살펴보자. 컴퓨터비전에서 해리스(Harris)라 불리는 인기 있는 코너 탐지 기술이 있다. 기본적으로 우리는 그레이스케일 영상의 편미분을 근거하여 2 x 2 행렬을 만들고, 고유치(eigenvalues)를 분석한다. 이것은 실제로 알고리즘을 굉장히 간소화해서 나타낸 말이지만, 이것은 핵심을 나타낸 말이다. 만일 당신이 수학적 자세함을 이해하기 원한다면, 당신은 Harris와 Stephens의 다음 논문을 볼 수 있다(http://www.bmva.org/bmvc/1988/avc-88-023.pdf). 코너점은 가장 큰 고유치들을 갖는 점이다.

다음 그림을 살펴보자.

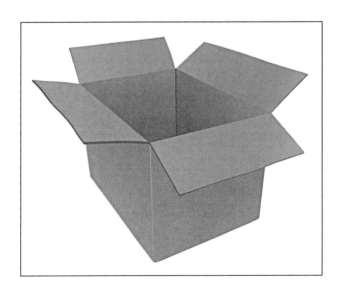

만일 당신이 해리스 코너 탐지기를 수행한다면, 다음과 같은 것을 보게 될 것이다.

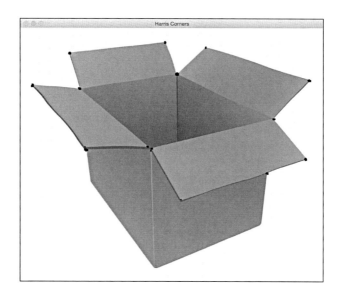

보다시피, 모든 검은 점들은 영상의 코너들이다. 하지만 상자의 아랫 부분의 코너들은 탐지되지 않았다. 이유는 코너들이 충분히 날카롭지 못했기 때문이다. 이 코너들을 구분하기 위해 코너 탐지기의 문턱치를 조정할 수 있다. 이것을 수행하는 코드는 다음과 같다.

```
import cv2
import numpy as np

img = cv2.imread('./images/box.png')
gray = cv2.cvtColor(img,cv2.COLOR_BGR2GRAY)
gray = np.float32(gray)

# To detect only sharp corners
dst = cv2.cornerHarris(gray, blockSize=4, ksize=5, k=0.04)
# Result is dilated for marking the corners
dst = cv2.dilate(dst, None)

# Threshold for an optimal value, it may vary depending on the image
img[dst > 0.01*dst.max()] = [0,0,0]
cv2.imshow('Harris Corners(only sharp)',img)
# to detect soft corners
```

```
dst = cv2.cornerHarris(gray, blockSize=14, ksize=5, k=0.04)
dst = cv2.dilate(dst, None)
img[dst > 0.01*dst.max()] = [0,0,0]
cv2.imshow('Harris Corners(also soft)',img)

cv2.waitKey()
```

● 추적하기 좋은 특징

해리스 코너 탐지기는 여러 경우에도 잘 작동하지만, 몇 가지를 놓칠 수 있다. Harris와 Stephens의 논문발표 6년 이후에, Shi-Tomasi가 더 좋은 코너 탐지기를 제시하였다. 당신은 원 논문을 다음 사이트에서 읽을 수 있다(http://www.ai.mit.edu/courses/6.891/ handouts/shi94good.pdf). 그들은 전체적인 질을 개선하기 위해 다른 점수 함수 (scoring function)를 사용하였다. 이 방식을 사용해 당신은 주어진 영상에서 N개의 강한 코너를 찾을 수 있다. 이것은 영상으로부터 정보를 추출하기 위해 모든 코너를 원하지 않을 때 유용하다.

만일 당신이 이전 영상에 대해 Shi-Tomasi 코너 탐지기를 적용한다면, 다음과 같은 그림을 보게 될 것이다.

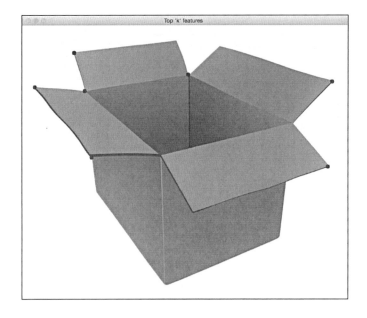

그 코드는 다음과 같다.

```python
import cv2
import numpy as np

img = cv2.imread('images/box.png')
gray = cv2.cvtColor(img,cv2.COLOR_BGR2GRAY)

corners = cv2.goodFeaturesToTrack(gray, maxCorners=7, qualityLevel=0.05,
minDistance=25)
corners = np.float32(corners)

for item in corners:
    x, y = item[0]
    cv2.circle(img, (x,y), 5, 255, -1)

cv2.imshow("Top 'k' features", img)
cv2.waitKey()
```

● SIFT (Scale Invariant Feature Transform)

비록 코너 특징이 흥미롭기는 하지만, 정말 흥미 있는 부분들을 특징화하기에는 충분하지 않다. 우리가 영상 내용 분석을 말했을 때, 크기변환, 회전, 밝기 등에 불변하는 영상 시그너처를 원한다. 인간은 이러한 것에 매우 우수하다. 비록 내가 당신에게 희미한 상태에서 거꾸로 된 사과를 보여주어도, 당신은 여전히 사과를 인식할 것이다. 만일 내가 그 영상을 크게 하여 보여주어도, 또한 당신은 그것을 인식할 것이다. 우리는 우리의 영상 인식 시스템도 같은 것을 할 수 있기를 원한다.

코너 특징들을 살펴보자. 만일 당신이 영상을 확대한다면, 다음 그림에서와 같이 코너는 코너로 보이지 않을 수도 있다.

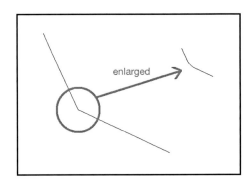

이 경우에, 탐지기는 이 코너를 선택하지 못할 것이다. 원 영상에서는 이것이 선택되었는데, 두 번째 영상에서는 첫 번째 것과 일치하지 않게 될 것이다. 이것은 기본적으로 같은 영상이지만, 확대되면 코너 특징 기반의 방법이 이것을 놓칠 것이다. 이것은 코너 탐지기가 크기 불변이 아니라는 것이다. 이점이 바로 우리가 영상을 특징짓는 데 더 나은 방법을 필요로 하는 이유이다.

SIFT (Scale Invariant Feature Transform)는 컴퓨터비전에서 가장 인기 있는 알고리즘들 중에 하나이다. 당신은 David Lowe의 논문을 다음에서 읽을 수 있다 (http://www.cs.ubc.ca/~lowe/papers/ijcv04.pdf). 우리는 키포인트를 추출하기 위해 이 알고리즘을 사용할 수 있고, 해당 특징 서술자(descriptor)를 만든다. 온라인에 좋은 자료들이 있으므로, 우리는 간략히 소개할 것이다.

잠정적인 키포인트를 구분하기 위해, SIFT는 영상을 다운샘플링하고, DoG (Difference of Gaussian)를 취하여 피라미드를 만든다. 즉, 이것은 우리가 각 레벨에서 가우시안 필터를 수행하고, 피라미드에서 연속 레벨을 만들기 위해 차이를 취한다는 것을 의미한다. 이것은 현재 화소가 키포인트인가를 알기 위해, 피라미드의 이웃 레벨의 같은 위치에서의 화소들과 이웃 화소들을 살펴본다. 만일 그것이 최대이면 현재 화소는 키포인트로 선택된다. 이렇게 함으로써 키포인트들을 크기 불변으로 유지하게 한다.

이제 크기 불변을 어떻게 이루는지를 알았으니, 회전 불변을 어떻게 이루는지를 살펴보자. 일단 우리가 키포인트를 구분하면, 각 키포인트에 방향이 할당된다. 우리는 각 키포인트 주위를 취해, 그레이디언트 크기와 방향을 계산한다. 이것이 우리에게 키포인트의 방향 정보를 준다. 만일 우리가 이 정보를 가지고 있다면, 다른 영상에서 비록 영상이 회전되어도 이 키포인트를 같은 포인트에 매칭할 수 있다. 우리는 방향을 알기에 비교 이전에 키포인트들을 정규화할 수 있다.

일단 우리가 이 모든 정보를 가지고 있다면, 어떻게 그것을 정량화하는가? 우리는 이것을 수들의 집합으로 바꿀 필요가 있다. 그 결과, 이것을 바탕으로 매칭할 수 있다. 이렇게 하기 위해, 각 키포인트 주위 16 x 16을 취하고, 그것을 4 x 4의 16개의 블록으로 나눈다. 각 블록에 대해, 8개 빈을 가진 방향 히스토그램을 계산한다. 우리는 각 블록과 관련하여 길이 8의 벡터를 가진다. 이것은 이웃이 크기 128(8 x 16)의 벡터로 표현되는 것을 의미한다. 이것이 최종 사용되어질 키포인터 서술자이다. 만일 우리가 영상에서 N 키포인트를 추출한다면, 길이 128인 N개의 서술자를 가질 것이다. 이 N개 서술자 배열은 주어진 영상을 특징짓는다.

다음 영상을 살펴보자.

만일 당신이 SIFT를 사용하여 키포인트 위치를 추출한다면, 다음과 같은 어떤 것을 보게 될 것이다. 여기서 원의 크기는 키포인트의 강도를 나타내며, 원 내부의 라인은 방향을 가리킨다.

코드를 보기 전에, SIFT는 특허 등록되어 있다는 것을 아는 것이 중요하다. 이것은 상업적 사용을 위해 자유로운 것이 아니다. 다음의 코드를 보자.

```python
import cv2
import numpy as np

input_image = cv2.imread('images/fishing_house.jpg')
gray_image = cv2.cvtColor(input_image, cv2.COLOR_BGR2GRAY)

# For version opencv < 3.0.0, use cv2.SIFT()
sift = cv2.xfeatures2d.SIFT_create()
keypoints = sift.detect(gray_image, None)

cv2.drawKeypoints(input_image, keypoints, input_image, \
    flags = cv2.DRAW_MATCHES_FLAGS_DRAW_RICH_KEYPOINTS)

cv2.imshow('SIFT features', input_image)
cv2.waitKey()
```

우리는 또한 서술자를 계산할 수 있다. OpenCV는 이것을 분리해서 하게 하거나 다음과 같이 탐지와 계산을 함께 할 수 있게 한다.

```python
keypoints, descriptors = sift.detectAndCompute(gray_image, None)
```

● SURF (Speeded Up Robust Features)

비록 SIFT가 멋지고 유용하지만, 이것은 계산이 많다. 만일 우리가 SIFT를 사용하다면, 이것은 느리고, 실시간 시스템을 구현하는 어려움을 갖게 되는 것을 의미한다. 우리는 빠르고 SIFT의 장점을 가진 시스템이 필요하다. SIFT는 피라미드를 구성하기 위해 DoG를 사용하는 것을 당신이 기억할 것이고, 이 처리로 인해 느리다. 이것을 극복하기 위해 SURF는 가우시안을 근사하기 위해 박스 필터를 사용한다. 좋은 점은 계산이 쉽다는 것이며, 상당히 빠르다는 것이다. SURF에 대해 많은 자료들이 온라인에 있다(http://opencv-python-tutroals.readthedocs.org/en/latest/py_tutorials/py_feature2d/py_surf_intro/py_surf_intro.html?highlight=surf). 따라서 서술자를 어떻게 구성하는지를 보기 위해 자료를 살펴볼 수 있다. 당신은 원 논문을 다음에서 볼 수 있다(http://www.vision.ee.ethz.ch/~surf/eccv06.pdf). SURF 또한 특허 등록되어 있으므로, 상업적 사용에 자유롭지는 않다.

만일 당신이 앞의 영상에 대해 SURF 키포인트 탐지기를 수행하면, 다음과 같은 어떤 것을 보게 될 것이다.

여기에 코드가 있다.

```python
import cv2
import numpy as np

input_image = cv2.imread('images/fishing_house.jpg')
gray_image = cv2.cvtColor(input_image, cv2.COLOR_BGR2GRAY)

# For version opencv < 3.0.0, use cv2.SURF()
surf = cv2.xfeatures2d.SURF_create()
# This threshold controls the number of keypoints
surf.setHessianThreshold(15000)

keypoints, descriptors = surf.detectAndCompute(gray_image, None)

cv2.drawKeypoints(input_image, keypoints, input_image, color=(0,255,0),\
flags=cv2.DRAW_MATCHES_FLAGS_DRAW_RICH_KEYPOINTS)

cv2.imshow('SURF features', input_image)
cv2.waitKey()
```

● FAST (Features from Accelerated Segment Test)

비록 SURF가 SIFT보다 빠르지만 특히 자원이 제한될 때 실시간 시스템에 충분할 정도로 빠르지는 않다. 당신이 모바일 장비에 실시간 응용을 만들고 있을 때, SURF를 사용하여 실시간으로 멋진 계산을 할 수 없다. 우리는 정말 빠르고, 계산적으로 비싸지도 않는 것이 필요하다. Rosten과 Drummond가 FAST를 제안했다. 그 이름이 가리키는 바와 같이 그것은 정말 빠르다!

모든 값비싼 계산을 하는 대신에, 현재 점이 키포인트 후보인지를 빠르게 결정하기 위한 고속 시험을 제안하였다. FAST는 단지 키포인트 탐지라는 것을 알 필요가 있다. 일단 키포인트가 탐지되면, 서술자를 계산하기 위해, SIFT나 SURF를 사용한다. 다음 그림을 보자.

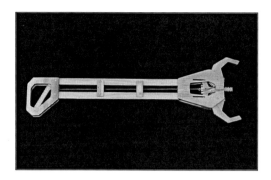

만일 우리가 이 영상에 대해 FAST 키포인트 탐지자를 수행한다면, 다음과 같은 것을 보게 될 것이다.

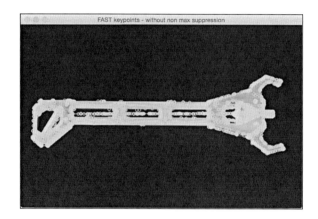

만일 우리가 중요하지 않는 키포인트들을 억제한다면, 결과는 다음과 같을 것이다.

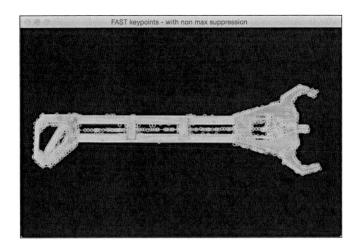

이를 위한 코드는 다음과 같다.

```
import cv2
import numpy as np

input_image = cv2.imread('images/tool.png')
gray_image = cv2.cvtColor(input_image, cv2.COLOR_BGR2GRAY)

# Version under opencv 3.0.0 cv2.FastFeatureDetector()
fast = cv2.FastFeatureDetector_create()

# Detect keypoints
keypoints = fast.detect(gray_image, None)
print("Number of keypoints with non max suppression:", len(keypoints))

# Draw keypoints on top of the input image
img_keypoints_with_nonmax=input_image.copy()
cv2.drawKeypoints(input_image, keypoints, img_keypoints_with_nonmax,
color=(0,255,0), \ flags=cv2.DRAW_MATCHES_FLAGS_DRAW_RICH_KEYPOINTS)
cv2.imshow('FAST keypoints - with non max suppression',
img_keypoints_with_nonmax)

# Disable nonmaxSuppression
fast.setNonmaxSuppression(False)
```

```
# Detect keypoints again
keypoints = fast.detect(gray_image, None)
print("Total Keypoints without nonmaxSuppression:", len(keypoints))

# Draw keypoints on top of the input image
img_keypoints_without_nonmax=input_image.copy()
cv2.drawKeypoints(input_image, keypoints, img_keypoints_without_nonmax,
color=(0,255,0), \ flags=cv2.DRAW_MATCHES_FLAGS_DRAW_RICH_KEYPOINTS)
cv2.imshow('FAST keypoints - without non max suppression',
img_keypoints_without_nonmax)
cv2.waitKey()
```

● BRIEF (Binary Robust Independent Elementary Features)

비록 우리가 FAST로 키포인트를 빠르게 탐지하지만, 서술자를 계산하기 위해 SIFT나 SURF를 여전히 사용한다. 우리는 서술자 또한 빠르게 계산할 필요가 있다. 이것이 BRIEF가 있을 자리이다. BRIEF는 특징 서술자를 추출하는 방법이다. 이것은 키포인트를 혼자 탐지하지 못한다. 그래서 키포인트 탐지자와 함께 사용해야 한다. BRIEF의 장점은 간결하고 빠르다는 것이다.

다음의 그림을 보자.

BRIEF는 입력 키포인트 리스트를 취하고, 업데이트된 출력을 낸다. 그래서 만일 당신이 이 영상에 BRIEF를 수행한다면, 다음과 같은 것을 보게 될 것이다.

다음은 그 코드이다.

```
import cv2
import numpy as np

input_image = cv2.imread('images/house.jpg')
gray_image = cv2.cvtColor(input_image, cv2.COLOR_BGR2GRAY)

# Initiate FAST detector
fast = cv2.FastFeatureDetector_create()

# Initiate BRIEF extractor, before opencv 3.0.0 use
cv2.DescriptorExtractor_create("BRIEF")
brief = cv2.xfeatures2d.BriefDescriptorExtractor_create()

# find the keypoints with STAR
```

```
keypoints = fast.detect(gray_image, None)

# compute the descriptors with BRIEF
keypoints, descriptors = brief.compute(gray_image, keypoints)
cv2.drawKeypoints(input_image, keypoints, input_image, color=(0,255,0))
cv2.imshow('BRIEF keypoints', input_image)
cv2.waitKey()
```

● ORB (Oriented FAST and Rotated BRIEF)

이제 우리가 논의했던 모든 조합 가운데 우리는 최상의 조합을 가지게 되었다. 이 알고리즘이 OpenCV Labs에 나와 있다. 그것은 빠르고, 강하며, 오픈소스이다. SIFT와 SURF는 특허 등록되어 상업용으로 당신은 사용할 수 없다. 이 점으로 인해 ORB가 여러 모양으로 좋은 이유이다.

만일 당신이 ORB 키포인트 추출자를 이전의 영상들 중에 하나에 대해 수행한다면, 다음과 같은 어떤 것을 보게 될 것이다.

여기에 코드가 있다.

```
import cv2
import numpy as np

input_image = cv2.imread('images/fishing_house.jpg')
gray_image = cv2.cvtColor(input_image, cv2.COLOR_BGR2GRAY)

# Initiate ORB object, before opencv 3.0.0 use cv2.ORB()
orb = cv2.ORB_create()

# find the keypoints with ORB
keypoints = orb.detect(gray_image, None)

# compute the descriptors with ORB
keypoints, descriptors = orb.compute(gray_image, keypoints)

# draw only the location of the keypoints without size or orientation
cv2.drawKeypoints(input_image, keypoints, input_image, color=(0,255,0))

cv2.imshow('ORB keypoints', input_image)
cv2.waitKey()
```

요약

이 장에서, 우리는 키포인트의 중요성과 필요성에 대해 배웠다. 우리는 키포인트를 탐지하고 특징 서술자를 계산하는 여러 알고리즘들을 논의했다. 이 알고리즘들을 이후의 장에서 사용할 것이다. 키포인트의 개념은 컴퓨터비전의 중심이며, 많은 현대 시스템에서 중요한 역할을 한다.

다음 장에서, 우리는 관심있는 영상을 만들기 위해 내용을 인지하고 영상의 크기를 조정하는 방법을 논의할 것이다.

## Chapter 06

심 카빙

6장에서 다루는 학습 내용

- 내용인지의 정의
- 영상에서 관심 부분을 수량화하는 방법
- 영상 내용 분석을 위한 동적 프로그래밍 사용 방법
- 높이를 유지하면서 관심 영역 훼손 없이 영상의 폭을 증감시키는 방법
- 영상에서 객체를 사라지게 하는 방법

소개

이번 장에서, 우리는 심 카빙(seam carving)으로 알려진 내용인지 영상 크기 조정에 대해 배우려고 한다. 우리는 영상에서 관심 영역을 탐지하는 방법을 논의할 것이다. 그리고 관심 영역을 손상하지 않고 주어진 영상의 크기 조정을 하는 데 이 정보를 사용하는 방법을 배우려고 한다.

● 왜 심 카빙(seam carving)에 관심을 가지나?

우리가 심 카빙(내용인지 기반 영상 크기 조정)을 논의하기 전에 먼저 왜 이것이 필요한지를 알 필요가 있다. 왜 우리는 영상의 내용에 관심을 가지는가? 우리는 왜 주어진 영상의 크기를 조정할 수 없이 그냥 넘어가는가? 이 질문에 답하기 위해 다음 그림을 보자.

그림의 높이는 유지하는 반면에 그림의 폭을 줄이기 원한다고 하자. 만일 당신이 그렇게 한다면, 이것은 다음과 같은 것으로 보이게 될 것이다.

당신이 보다시피, 오리들이 영상에서 왜곡되어 있다. 그리고 전체 영상의 품질 또한 떨어졌다. 직관적으로 말한다면, 우리는 오리들이 그림에서 관심있는 부분이라고 말할 수 있다. 그래서 우리가 크기 조정을 할 때, 오리는 손대고 싶지 않다. 이러한 경우에 심 카빙이 그림에서 필요하다. 심 카빙을 이용해서, 우리는 관심 있는 영역을 탐지하고 그 영역의 품질이 떨어지지 않게 한다.

● 어떻게 동작하는가?

우리는 영상의 크기 조정에 대하여 그리고 크기를 조정할 때 영상의 내용을 어떻게 고려해야 하는지를 이야기 해왔다. 도대체 왜 그것을 심 카빙이라 부르는가? 그것은 단지 내용인지 기반의 영상 크기 조정이라고 불려야 하지 않는가? 영상 리타게팅(retageting), 리키드 스케일링(liquid scaling), 심 카빙 등 이 과정을 묘사하기 위해 사용되는 많은 다른 용어들이 있다. 심 카빙이라고 부르는 이유는 영상 크기 조정의 방법 때문이다. 알고리즘은 Shai Avidan과 Ariel Shamir에 의해 제안되었다. 원 논문을 여기에서 참조할 수 있다(`http://dl.acm.org/citation.cfm?id=1276390`).

우리는 목표가 주어진 영상의 크기 재조정과 흥미있는 내용을 훼손없이 유지하는 것임을 알고 있다. 따라서 영상에서 덜 중요한 경로(path)들을 찾아냄으로써 우리는 이것을 수행한다. 이러한 경로들을 심(seam)이라고 부른다. 일단 이러한 심들을 찾았다면, 재조정된 영상을 얻기 위해 영상에서 우리는 이들을 제거한다. 이러한 제거의 과정 혹은 카빙(carving)은 결국 크기 조정된 영상을 만든다. 바로 이것이 우리가 그것을 '심 카빙'이라고 부르는 이유이다. 다음의 영상을 보자.

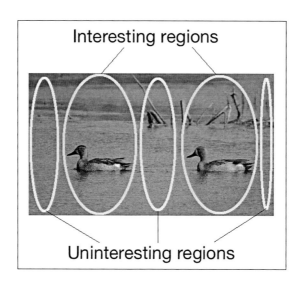

앞의 그림에서, 우리는 그림을 관심 영역(interesting region)과 비 관심 영역(uninteresting region)으로 어떻게 나눌 수 있는지를 볼 수 있다. 우리의 알고리즘이 비 관심 영역을 탐지하고 제거하도록 할 필요가 있다. 오리 영상을 생각하고, 우리가 해야 할 제한을 생각해 보자. 우리는 높이는 유지해야 한다. 이것은 영상에서 수직 심(seam)들을 찾아서 제거해야 한다는 것을 의미한다. 이 심들은 위에서 시작하여 아래에서 끝이 난다. 만일 우리가 수직 크기 조정을 한다면, 심은 왼쪽에서 시작해서 오른쪽에서 끝이 날 것이다. 수직 심은 위에서 시작하여 아래에서 끝나는 많은 연결된 화소들이다.

● 관심(interesting)을 어떻게 정의할 것인가?

심(seam) 계산을 시작하기 전에, 심들을 계산하기 위해 사용할 어떤 척도(metric)를 찾을 필요가 있다. 우리는 각 화소에 중요성을 할당하는 방법이 필요하다. 그 결과로, 덜 중요한 부분들을 찾아낼 수 있다. 컴퓨터비전 용어로 말한다면, 각 화소에 에너지 값을 할당할 필요가 있다. 그 결과, 우리는 최소 에너지 영역을 찾을 수 있다. 에너지를 할당하는 좋은 방법을 생각해 내는 것은 중요하다. 왜냐하면 그것은 결과에 영향을 주기 때문이다.

우리가 사용할 수 있는 척도 중에 하나는 각 화소의 미분 값이다. 이것은 이웃들에서 해당 화소 활동 수준(level of activity)에 대한 좋은 지시자이다. 만일 어떤 활동이 있다면, 화소값들이 갑자기 바뀔 것이다. 그런고로 그 위치에서 미분의 값이 높을 것이다. 한편, 만일 지역이 평탄하고 비관심 영역이라면, 화소값들은 급하게 바뀌지 않을 것이다. 그래서 그레이스케일 영상의 그 지점의 미분값은 낮을 것이다.

각 화소의 위치에 대해, x, y 미분을 더하여 우리는 에너지를 계산한다. 미분 계산은 현재 화소와 이웃화소들의 차이를 취함으로써 계산할 수 있다. 우리는 '2장 에지 탐지와 영상 필터 적용'에서 **소벨 필터**를 사용해 에지를 탐지할 때 이와 유사한 일을 했다. 일단 우리가 이러한 값들을 계산했다면, 우리는 이들을 에너지 행렬이라 불리는 행렬에 저장한다.

● 심(seam)을 어떻게 계산하는가?

이제 우리는 에너지 행령을 가지고 있고, 심을 계산할 준비가 되어있다. 영상에서 작은 에너지를 가지고 있는 통로(path)을 찾을 필요가 있다. 모든 가능한 통로을 계산하는 것은 엄청난 비용이 든다. 그래서 우리는 이것을 하기 위해 지혜로운 방법을 찾을 필요가 있다. 이곳이 동적 프로그래밍을 그림에 적용할 곳이다. 사실 심 카빙은 동적 프로그래밍의 직접적인 응용이다. 우리는 첫째 열의 각 화소에서 시작해 마지막 열로 길을 찾을 필요가 있다. 작은 에너지 통로(path)를 찾기 위해 테이블에서 각 화소에 대해 최적의 길을 계산하고 저장한다. 일단 우리가 이 테이블을 만들었다면, 테이블의 열을 통해 추적함으로써 특정 화소로의 통로를 발견한다.

현재 열의 각 화소에 대해 다음 열에 있는 3개의 가능한 위치, 즉, 우리가 이동할 수 있는 아래, 아래 왼쪽, 아래 오른쪽의 에너지를 계산한다. 마지막 아래쪽에 도달할 때까지 우리는 이 과정을 반복한다. 마지막 아래에 도달하면, 최소의 누적값을 가진 것을 취하고, 위쪽으로 역추적(backtracking)한다. 이것이 가장 작은 에너지의 통로를 제공한다. 한 개의 심을 제거할 때마다, 영상의 폭은 한 화소씩 줄어든다. 그래서 우리는 원하는 영상의 크기에 도달할 때까지 이러한 심들을 계속 제거할 필요가 있다.

먼저, 영상 내의 에너지를 계산하고, 심을 찾고, 그리는 일련의 함수를 제공한다. 이러한 함수는 모든 선행 코드 샘플과 함께 사용되고, 사용자의 요구에 의하여 라이브러리 형태가 될 수 있다.

```python
# Draw vertical seam on top of the image
def overlay_vertical_seam(img, seam):
    img_seam_overlay = np.copy(img)

    # Extract the list of points from the seam
    x_coords, y_coords = np.transpose([(i,int(j)) for i,j in
enumerate(seam)])

    # Draw a green line on the image using the list of points
    img_seam_overlay[x_coords, y_coords] = (0,255,0)
    return img_seam_overlay

# Compute the energy matrix from the input image
def compute_energy_matrix(img):
    gray = cv2.cvtColor(img, cv2.COLOR_BGR2GRAY)

    # Compute X derivative of the image
    sobel_x = cv2.Sobel(gray,cv2.CV_64F, 1, 0, ksize=3)

    # Compute Y derivative of the image
```

```python
        sobel_y = cv2.Sobel(gray,cv2.CV_64F, 0, 1, ksize=3)

        abs_sobel_x = cv2.convertScaleAbs(sobel_x)
        abs_sobel_y = cv2.convertScaleAbs(sobel_y)

        # Return weighted summation of the two images i.e. 0.5*X + 0.5*Y
        return cv2.addWeighted(abs_sobel_x, 0.5, abs_sobel_y, 0.5, 0)

# Find vertical seam in the input image
def find_vertical_seam(img, energy):
    rows, cols = img.shape[:2]

    # Initialize the seam vector with 0 for each element
    seam = np.zeros(img.shape[0])

    # Initialize distance and edge matrices
    dist_to = np.zeros(img.shape[:2]) + float('inf')
    dist_to[0,:] = np.zeros(img.shape[1])
    edge_to = np.zeros(img.shape[:2])

    # Dynamic programming; iterate using double loop and compute the paths
efficiently
    for row in range(rows-1):
        for col in range(cols):
            if col != 0 and dist_to[row+1, col-1] > dist_to[row, col] +
energy[row+1, col-1]:
                dist_to[row+1, col-1] = dist_to[row, col] + energy[row+1,
col-1]
                edge_to[row+1, col-1] = 1

            if dist_to[row+1, col] > dist_to[row, col] + energy[row+1,
col]:
                dist_to[row+1, col] = dist_to[row, col] + energy[row+1,
col]
                edge_to[row+1, col] = 0

            if col != cols-1 and \
```

```
                    dist_to[row+1, col+1] > dist_to[row, col] + energy[row+1,
    col+1]:
                        dist_to[row+1, col+1] = dist_to[row, col] +
    energy[row+1, col+1]
                        edge_to[row+1, col+1] = -1

        # Retracing the path
        # Returns the indices of the minimum values along X axis.
        seam[rows-1] = np.argmin(dist_to[rows-1, :])
        for i in (x for x in reversed(range(rows)) if x > 0):
            seam[i-1] = seam[i] + edge_to[i, int(seam[i])]


    return seam
```

오리 영상을 다시 보도록 하자. 만일 당신이 먼저 30개의 심을 계산했다면, 그것은 다음과 같이 보일 것이다.

흰색 라인이 중요하지 않는 통로들을 가리킨다. 여기서 우리가 보듯이, 라인들이 관심 영역을 다치지 않도록 오리들 주위를 지나간다. 상단 영상에서 심들이 나뭇가지들 주위로 지나가 영상 품질이 유지된다. 기술적으로 말한다면, 나뭇가지 또한 관심 영역이다. 만일 당신이 계속해서 처음 100개의 심을 제거한다면, 다음 그림과 같이 보일 것이다.

이제 이것을 단순한 크기 조정과 비교해 보자. 훨씬 더 좋아 보이지 않는가? 이 그림에서 오리들은 멋져 보인다.

다음 코드를 살펴보고, 어떻게 하는지를 보자.

```python
import sys
import cv2
import numpy as np

# Remove the input vertical seam from the image
def remove_vertical_seam(img, seam):
    rows, cols = img.shape[:2]

    # To delete a point, move every point after it one step towards the
left
    for row in range(rows):
        for col in range(int(seam[row]), cols-1):
            img[row, col] = img[row, col+1]

    # Discard the last column to create the final output image
    img = img[:, 0:cols-1]
    return img

if __name__=='__main__':
```

```
# Make sure the size of the input image is reasonable.
# Large images take a lot of time to be processed.
# Recommended size is 640x480.
img_input = cv2.imread(sys.argv[1])

# Use a small number to get started. Once you get an
# idea of the processing time, you can use a bigger number.
# To get started, you can set it to 20.
num_seams = int(sys.argv[2])

img = np.copy(img_input)
img_overlay_seam = np.copy(img_input)
energy = compute_energy_matrix(img)

for i in range(num_seams):
    seam = find_vertical_seam(img, energy)
    img_overlay_seam = overlay_vertical_seam(img_overlay_seam, seam)
    img = remove_vertical_seam(img, seam)
    energy = compute_energy_matrix(img)
    print('Number of seams removed = ', i+1)

cv2.imshow('Input', img_input)
cv2.imshow('Seams', img_overlay_seam)
cv2.imshow('Output', img)
cv2.waitKey()
```

우리는 remove_vertical_seam을 사용하여 원본 영상에서 수직방향의 심을 제거하고, 영상의 너비를 줄이면서 흥미있는 부분은 그대로 유지한다.

● 영상을 확장할 수 있나?

우리는 관심 영역을 훼손하지 않고 영상의 폭을 줄이기 위해 심 카빙을 사용할 수 있다. 이제 우리는 자연스럽게 우리 자신에게 관심 영역을 훼손하지 않고 영상을 확장할 수 있는지를 물을 수 있다. 밝혀졌듯이, 우리는 같은 로직을 사용해 그것을 할 수 있다. 우리가 심을 계산할 때, 단지 그것을 제거하는 대신에 추가 행을 더할 필요가 있다.

만일 당신이 오리 영상을 단순히 확장한다면, 그것은 다음과 같을 것이다.

만일 당신이 이것을 더 멋진 방법으로 한다면, 그것은 다음과 같을 것이다.

당신이 볼 수 있듯이, 영상의 폭은 증가되었지만 오리는 늘어나지 않았다. 이것을 수행하는 코드는 다음과 같다.

```python
import sys
import cv2
import numpy as np

# Add a vertical seam to the image
def add_vertical_seam(img, seam, num_iter):
    seam = seam + num_iter
    rows, cols = img.shape[:2]
```

```
        zero_col_mat = np.zeros((rows,1,3), dtype=np.uint8)
        img_extended = np.hstack((img, zero_col_mat))

        for row in range(rows):
            for col in range(cols, int(seam[row]), -1):
                img_extended[row, col] = img[row, col-1]

            # To insert a value between two columns, take the average
            # value of the neighbors. It looks smooth this way and we
            # can avoid unwanted artifacts.
            for i in range(3):
                v1 = img_extended[row, int(seam[row])-1, i]
                v2 = img_extended[row, int(seam[row])+1, i]
                img_extended[row, int(seam[row]), i] = (int(v1)+int(v2))/2

    return img_extended

if __name__=='__main__':
    img_input = cv2.imread(sys.argv[1])
    num_seams = int(sys.argv[2])
    img = np.copy(img_input)
    img_output = np.copy(img_input)
    img_overlay_seam = np.copy(img_input)
    energy = compute_energy_matrix(img) # Same than previous code sample

    for i in range(num_seams):
        seam = find_vertical_seam(img, energy) # Same than previous code
sample
        img_overlay_seam = overlay_vertical_seam(img_overlay_seam, seam)
        img = remove_vertical_seam(img, seam) # Same than previous code
sample
        img_output = add_vertical_seam(img_output, seam, i)
        energy = compute_energy_matrix(img)
        print('Number of seams added =', i+1)

    cv2.imshow('Input', img_input)
```

```
cv2.imshow('Seams', img_overlay_seam)
cv2.imshow('Output', img_output)
cv2.waitKey()
```

우리는 추가 함수 add_vertical_seam을 이 코드에 넣었다. 수직 심을 더하기 위해 이것을 사용하였고, 그 영상은 자연스럽게 보인다.

● 객체를 완전히 제거할 수 있는가?

이 주제는 심 카빙에서 가장 흥미로운 응용일 것이다. 우리는 영상에서 한 객체를 완전히 제거할 수 있다. 다음 영상을 생각해 보자.

관심 영역을 선택하자.

오른쪽 의자를 제거한 이후, 그것은 다음과 같이 보일 것이다.

마치 의자가 원래 없었던 것 같다. 코드를 보기 전에, 이것을 수행하는데 시간이 좀 걸린다는 것을 알기 바란다. 처리시간에 대한 아이디어를 얻기 위해 수분 동안 기다려라. 당신은 입력 영상의 크기를 적절하게 조절할 수 있다! 다음의 코드를 살펴보자.

```python
import sys
import cv2
import numpy as np

# Draw rectangle on top of the input image
def draw_rectangle(event, x, y, flags, params):
    global x_init, y_init, drawing, top_left_pt, bottom_right_pt, img_orig

    # Detecting a mouse click
    if event == cv2.EVENT_LBUTTONDOWN:
        drawing = True
        x_init, y_init = x, y

    # Detecting mouse movement
    elif event == cv2.EVENT_MOUSEMOVE:
        if drawing:
            top_left_pt, bottom_right_pt = (x_init,y_init), (x,y)
            img[y_init:y, x_init:x] = 255 - img_orig[y_init:y, x_init:x]
            cv2.rectangle(img, top_left_pt, bottom_right_pt, (0,255,0), 2)
```

```python
        # Detecting the mouse button up event
        elif event == cv2.EVENT_LBUTTONUP:
            drawing = False
            top_left_pt, bottom_right_pt = (x_init,y_init), (x,y)

            # Create the "negative" film effect for the selected
            # region
            img[y_init:y, x_init:x] = 255 - img[y_init:y, x_init:x]

            # Draw rectangle around the selected region
            cv2.rectangle(img, top_left_pt, bottom_right_pt, (0,255,0), 2)
            rect_final = (x_init, y_init, x-x_init, y-y_init)

            # Remove the object in the selected region
            remove_object(img_orig, rect_final)

# Computing the energy matrix using modified algorithm
def compute_energy_matrix_modified(img, rect_roi):
    # Compute weighted summation i.e. 0.5*X + 0.5*Y
    energy_matrix = compute_energy_matrix(img)
    x,y,w,h = rect_roi

    # We want the seams to pass through this region, so make sure the
energy values in this region are set to 0
    energy_matrix[y:y+h, x:x+w] = 0

    return energy_matrix

# Remove the object from the input region of interest
def remove_object(img, rect_roi):
    num_seams = rect_roi[2] + 10
    energy = compute_energy_matrix_modified(img, rect_roi)

    # Start a loop and rsemove one seam at a time
    for i in range(num_seams):
        # Find the vertical seam that can be removed
        seam = find_vertical_seam(img, energy)
        # Remove that vertical seam
```

```
        img = remove_vertical_seam(img, seam)
        x,y,w,h = rect_roi

        # Compute energy matrix after removing the seam
        energy = compute_energy_matrix_modified(img, (x,y,w-i,h))
        print('Number of seams removed =', i+1)

    img_output = np.copy(img)

    # Fill up the region with surrounding values so that the size
    # of the image remains unchanged
    for i in range(num_seams):
        seam = find_vertical_seam(img, energy)
        img = remove_vertical_seam(img, seam)
        img_output = add_vertical_seam(img_output, seam, i)
        energy = compute_energy_matrix(img)
        print('Number of seams added =', i+1)

    cv2.imshow('Input', img_input)
    cv2.imshow('Output', img_output)
    cv2.waitKey()

if __name__=='__main__':
    img_input = cv2.imread(sys.argv[1])
    drawing = False
    img = np.copy(img_input)
    img_orig = np.copy(img_input)

    cv2.namedWindow('Input')
    cv2.setMouseCallback('Input', draw_rectangle)
    print('Draw a rectangle with the mouse over the object to be removed')
    while True:
            cv2.imshow('Input', img)
            c = cv2.waitKey(10)
            if c == 27:
                break

    cv2.destroyAllWindows()
```

어떻게 그것을 했나?

기본적인 로직은 여기서도 같다. 객체를 제거하기 위해 우리는 심 카빙을 사용하고 있다. 일단 관심 영역을 선택하면, 모든 심들이 이 영역을 지나가게 만든다. 매번 반복 후에 에너지 행렬을 다루어서 이것을 수행할 수 있다. 이것을 위해 우리는 compute_energy_matrix_ modified 함수를 추가했다. 일단 에너지 행렬을 계산하고, 관심 영역에 0 값을 할당한다. 이러한 방식으로 모든 심들이 이 영역을 강제로 통과하도록 한다. 이 영역에 관련된 모든 심들을 제거한 후에, 원래의 폭으로 영상이 확장될 때까지 심들을 계속 더한다.

요약

이 장에서는 우리는 내용 감지 기반의 영상 크기 조정에 대해 배웠다. 영상에서 관심 영역과 비관심 영역을 구분하는 방법을 논의했다. 우리는 영상에서 심을 계산하는 방법과 그것을 효과적으로 하기 위해 동적 프로그래밍을 사용하는 방법을 배웠다. 우리는 또한 영상의 폭을 줄이기 위해 심 카빙을 사용하는 방법을 논의했다. 그리고 같은 로직을 영상을 확장하기 위해 어떻게 사용할 수 있는지를 배웠다. 또한 우리는 영상에서 한 객체를 완전히 제거하는 방법을 배웠다.

다음 장에서, 우리는 형상 분석과 영상분할에 대해 논의할 것이다. 영상에서 관심 있는 객체의 경계를 찾기 위해, 이러한 원리들을 어떻게 사용하는지를 보게 될 것이다.

형상검출과 영상분할

소개

본 장에서는 형상 분석과 영상분할에 대하여 배운다. 그리고 형상을 인식하고 경계를 추출하는 방법에 대해서 배운다. 또한 다양한 방법을 이용하여 영상을 구성요소로 분할하는 것에 대하여 설명할 것이다. 마지막으로 우리는 영상에서 전경과 배경을 분리하는 것에 대하여 배우게 된다.

윤곽선 분석과 형상 매칭

윤곽선 분석은 컴퓨터비전 분야에서 매우 유용한 도구이다. 실생활에서 접하는 많은 형상에서 다양한 방법으로 윤곽선을 검출하면 형상을 분석하는데 도움이 된다. 하나의 영상을 명암도 영상으로 변환하고 문턱치(threshold)를 이용하여 선과 윤곽선을 얻을 수 있다. 형상들 사이의 속성의 차이를 이해하게 되면 영상으로부터 자세한 정보를 추출할 수 있다. 아래 영상에서 부메랑 형상을 찾기를 원한다고 하자.

이것을 위해서 먼저 일반 부메랑이 무엇과 같이 보이는지 알아야 한다.

위의 영상을 참고 영상으로 사용하면 원 영상에서 부메랑과 일치하는 형상을 찾을 수 있을까? 원 영상에서 보면 형상이 왜곡되어 있기 때문에 단순한 상관관계 기반 방법으로는 어렵다는 것을 알 수 있다. 즉 하나의 방법으로 우리가 원하는 부분을 정확하게 매칭시킬 수 없다는 것이다. 그렇기 때문에 부메랑 형상의 속성(property)을 이해하고, 그 해당 속성과 일치하는 것을 찾아야 한다. OpenCV에서 제공하는 후 모멘트(Hu moment)에 기반을 둔 함수를 이용하여 형상 매칭을 실시할 수 있다. 후 모멘트는 영상 모멘트와 관련이 있는 것으로 보다 자세한 내용은 다음의 자료를 참고하기 바란다(http://zoi.utia.cas.cz/files/chapter_moments_color1.pdf). "영상 모멘트"의 개념은 기본적으로 형상 내의 픽셀의 가중치와 K제곱 합계(power-raised summation)를 의미한다.

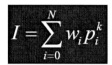

$$I = \sum_{i=0}^{N} w_i p_i^k$$

여기서 p는 윤곽선 픽셀, w는 가중치, N은 윤곽선 포인터 개수, k는 파워(power), I는 모멘트이다. w와 k의 값을 달리 선택함으로써 윤곽선으로부터 다른 특성들을 추출할 수 있다.

윤곽선의 면적을 구하려면 윤관선 영역 내의 픽셀의 수를 계산하면 된다. 수학적으로 말하면, 가중치와 파워 증가 합계에서 w를 1로 k를 0으로 하면 된다. 모멘트의 계산 결과에 의해서 영상에서의 형상들을 구분할 수 있고, 형상 유사성 메트릭(metric)을 결정하는데도 도움이 된다. 아래의 그림과 같이 형상이 매치가 되는 경우, 관련 코드는 다음과 같다.

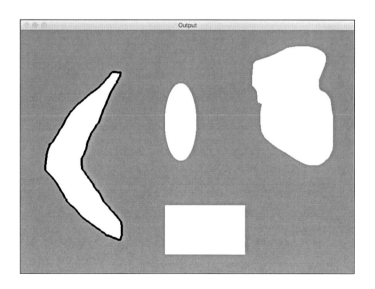

```
import cv2
import numpy as np

# Extract all the contours from the image
```

```python
def get_all_contours(img):
    ref_gray = cv2.cvtColor(img, cv2.COLOR_BGR2GRAY)
    ret, thresh = cv2.threshold(ref_gray, 127, 255, 0)
    # Find all the contours in the thresholded image. The values
    # for the second and third parameters are restricted to a
    # certain number of possible values.
    im2, contours, hierarchy = cv2.findContours(thresh.copy(),
cv2.RETR_LIST, \
        cv2.CHAIN_APPROX_SIMPLE )
    return contours

# Extract reference contour from the image
def get_ref_contour(img):
    contours = get_all_contours(img)

    # Extract the relevant contour based on area ratio. We use the
    # area ratio because the main image boundary contour is
    # extracted as well and we don't want that. This area ratio
    # threshold will ensure that we only take the contour inside the image.
    for contour in contours:
        area = cv2.contourArea(contour)
        img_area = img.shape[0] * img.shape[1]
        if 0.05 < area/float(img_area) < 0.8:
            return contour

if __name__=='__main__':
    # Boomerang reference image
    img1 = cv2.imread(sys.argv[1])

    # Input image containing all the different shapes
    img2 = cv2.imread(sys.argv[2])

    # Extract the reference contour
    ref_contour = get_ref_contour(img1)

    # Extract all the contours from the input image
    input_contours = get_all_contours(img2)
```

```
        closest_contour = None
    min_dist = None
    contour_img = img2.copy()
    cv2.drawContours(contour_img, input_contours, -1, color=(0,0,0),
thickness=3)
    cv2.imshow('Contours', contour_img)
    # Finding the closest contour
    for contour in input_contours:
        # Matching the shapes and taking the closest one using
        # Comparison method CV_CONTOURS_MATCH_I3 (second argument)
        ret = cv2.matchShapes(ref_contour, contour, 3, 0.0)
        print("Contour %d matchs in %f" % (i, ret))
        if min_dist is None or ret < min_dist:
            min_dist = ret
            closest_contour = contour

    cv2.drawContours(img2, [closest_contour], 0 , color=(0,0,0),
thickness=3)
    cv2.imshow('Best Matching', img2)
    cv2.waitKey()
```

matchShapes 메소드의 사용은 Hu 불변 값(CV_CONTOUR_MATCH_I1,2,3)과 다를 수 있다. 각 방법은 윤곽선의 크기, 방향 또는 회전으로 인해 서로 다른 최상의 일치 모양을 생성할 수 있다. 자세한 내용은 다음에서 공식 문서를 확인하십시오. https://docsopencv.org/3.3.0/d3/dc0/group__imgproc__shape.html

● 윤곽선 근사화

실생활에서 윤곽선은 잡음을 포함하고 있기 때문에 윤곽선은 스무드(smooth)하게 보이지 않게 되고 분석에 어려움을 준다. 따라서 윤곽선의 모든 점들에 대해서 스무드 다각형(polygon)을 이용하여 근사화한다. 다양한 문턱치를 이용하여 윤곽선을 근사화하면 윤곽선의 변화를 관찰할 수 있다. 아래 그림은 문턱치 0.05일 때의 부메랑 영상이다.

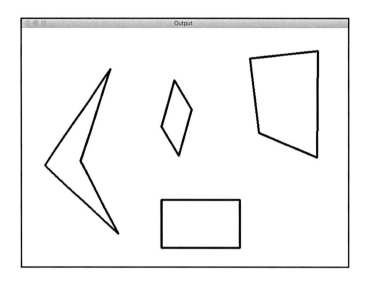

다음의 그림은 문턱치 0.01로서 윤곽선이 더 부드러워 진다.

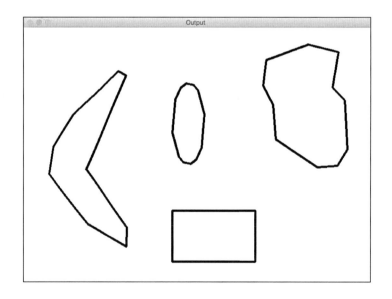

문턱치의 값이 0.00001인 경우, 아래 그림과 같이 원 영상과 같이 된다.

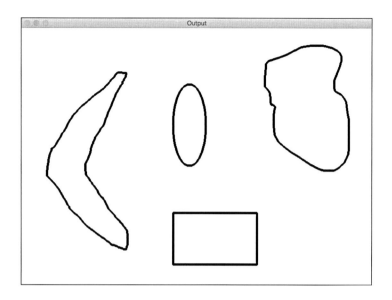

다음 코드는 이러한 윤곽선을 근사적인 다각형 스무딩으로 변환하는 방법을 나타낸다.

```
import sys
import cv2
import numpy as np

if __name__=='__main__':
    # Input image containing all the different shapes
    img1 = cv2.imread(sys.argv[1])
    # Extract all the contours from the input image
    input_contours = get_all_contours(img1)

    contour_img = img1.copy()
    smoothen_contours = []
    factor = 0.05

    # Finding the closest contour
    for contour in input_contours:
        epsilon = factor * cv2.arcLength(contour, True)
        smoothen_contours.append(cv2.approxPolyDP(contour, epsilon, True))
```

```
    cv2.drawContours(contour_img, smoothen_contours, -1, color=(0,0,0),
thickness=3)
    cv2.imshow('Contours', contour_img)
    cv2.waitKey()
```

비워진 조각이 있는 피자 인식

다음의 그림과 같이 다른 형상을 가지는 다른 모양의 피자를 포함하는 영상을 생각하여 보자. 그리고 누군가가 이 피자 중에서 하나를 잘라내면, 어떻게 이것을 자동으로 식별할 수 있겠는가? 형상이 어떻게 생겼는지 알 수 없기 때문에 이전에 사용한 접근방식을 사용할 수 없다. 즉 어떤 템플릿도 가지고 있지 않다. 어떤 모양을 찾고 있는지도 모르기 때문에 이전 정보를 기반으로 템플릿을 만들 수 없다. 아는 사실은 피자 중 하나에서 한 조각이 잘려졌다는 것이다. 다음의 영상을 보자.

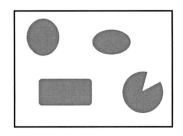

정확한 실제 영상은 아니지만, 아이디어를 얻을 수 있다. 찾고자 하는 것을 모르기 때문에 한 조각이 비워진 파이를 식별하기 위하여 이러한 형상의 속성 중 일부를 이용하는 것이 필요하다. 영상에서 다른 모든 형상들은 모두 완벽하게 닫혀있는(closed) 형상이다. 따라서 두 개의 점을 선택하여 선을 연결하면 항상 그 선은 형상 안에 존재하게 된다. 이러한 특성을 가지는 형상을 **콘벡스 형상**(convex shape)이라 한다. 그러나 하나의 비워진 조각을 포함하고 있는 피자 형상의 경우, 아래의 그림과 같이 두 개의 점을 선택하여 연결하면 형상의 바깥으로 연결되는 경우가 있음을 알 수 있다.

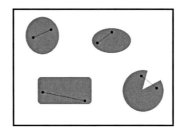

따라서 난–콘벡스 형상(non-convex shape)을 영상 내에서 찾으면 된다. 다음의 코드를 구현하여 실행하여 보자.

```python
import sys
import cv2
import numpy as np

if __name__=='__main__':
    img = cv2.imread(sys.argv[1])

    # Iterate over the extracted contours
    # Using previous get_all_contours() method
    for contour in get_all_contours(img):
    # Extract convex hull from the contour
    hull = cv2.convexHull(contour, returnPoints=False)

    # Extract convexity defects from the above hull
    # Being a convexity defect the cavities in the hull segments
    defects = cv2.convexityDefects(contour, hull)

    if defects is None:
        continue

    # Draw lines and circles to show the defects
    for i in range(defects.shape[0]):
        start_defect, end_defect, far_defect, _ = defects[i,0]
        start = tuple(contour[start_defect][0])
        end = tuple(contour[end_defect][0])
        far = tuple(contour[far_defect][0])
```

```
          cv2.circle(img, far, 5, [128,0,0], -1)
          cv2.drawContours(img, [contour], -1, (0,0,0), 3)

  cv2.imshow('Convexity defects',img)
  cv2.waitKey(0)
  cv2.destroyAllWindows()
```

convexityDefects의 작동 방식에 대한 자세한 내용을 보려면 다음으로 이동하십시오. https://docsopencv.org/2.4/modules/imgproc/doc/structural_ analysis_and_shape_descriptors.html#convexitydefects.

앞의 코드를 실행하면 다음의 결과를 보게 된다.

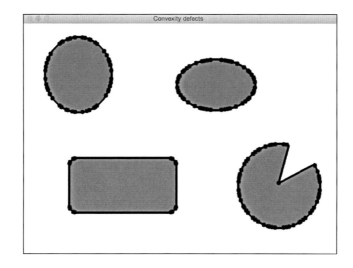

잠깐, 무슨 일이 있었던거야? 너무 어수선해 보인다. 우리가 뭔가 잘못 했나? 결국 커브는 실제로 부드럽지 않다. 면밀히 관찰하면 커브를 따라 작은 융기가 있다. 볼록 감지기를 작동시켜도 작동하지 않는다.

이것은 윤곽 근사가 정말로 편리한 곳이다. 윤곽선이 감지되면 융기가 영향을 미치지 않도록 윤곽선을 부드럽게 처리해야 한다. 계속해 보자.

```
factor = 0.01
epsilon = factor * cv2.arcLength(contour, True)
contour = cv2.approxPolyDP(contour, epsilon, True)
```

부드러운 윤곽선을 사용하여 앞의 코드를 실행하면, 출력은 다음과 같이 보일 것이다.

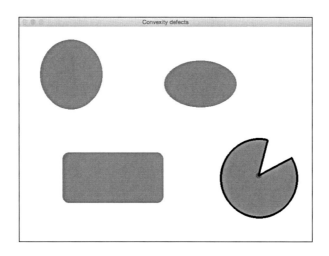

● 형상 찾기

다음과 같은 영상에서 특별한 형상을 블록(block)으로 표시하려 한다. 이 문제를 해결하기 위한 한 가지 방법은 그 형상의 템플릿을 이용하여 매칭하는 것이다. 그러나 적합한 템플릿을 가지고 있지 않다면, 형상을 분석하는 알고리즘을 개발하여야 한다. 다음의 그림을 살펴보자.

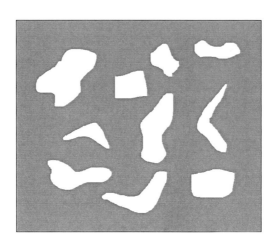

위 영상에서 모든 부메랑 형상을 인식하여 블록으로 표시하려 한다. 보는 바와 같이 이 영상에는 다양한 모양의 형상들이 있고 부메랑 형상들을 보면 부드럽지 않다. 이러한 경우, 다른 형상들과 부메랑 형상의 속성을 찾아야 한다. 그 중 컨벡스 헐(convex hull)을 고려할 수 있다. 즉 컨벡스 헐의 면적에 대한 형상의 면적 비를 이용하는 것이다. 이것을 **고형계수(solidity factor)**라 한다. 다음의 그림에서 블록은 컨벡스 헐이다. 보는 바와 같이 부메랑의 경우 컨벡스 헐의 면적에 비하여 부메랑 형상의 면적이 작아 다른 형상에 비하여 고형계수가 낮게 나온다. 영상에서 각 형상의 분리는 **K-Means 클러스트링**을 이용하여 한다. K-Means 클러스트링에 대한 추가 정보는 다음의 자료를 참고하기 바란다(http://docs.opencv.org/master/de/d4d/tutorial_py_kmeans_understanding.html).

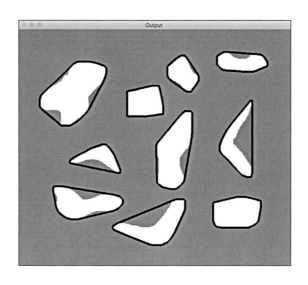

영상에서 형상을 부메랑 형상과 다른 형상의 두 그룹으로 분리하려 한다. 그래서 K-Means에서 K를 알게 된다. 일단 이를 이용하여 값을 클러스터링하면 가장 낮은 고형계수를 가지는 클러스터를 선택하고, 그것은 부메랑 형상을 제공한다. 이 접근 방식은 특별한 경우에만 작동된다는 점에 유의해야 한다. 즉, 다른 종류의 형상을 처리하기 위해서는 다른 측정방법을 사용하여 그 형상을 검출하는 작업을 해야 한다. 앞에서 언급한 바와 같이 주어지는 상황에 크게 의존한다. 부메랑 형상을 검출하여 차단하면 그 모양이 아래의 그림과 같다. 다음의 관련 코드를 작성하여 확인하여 보자.

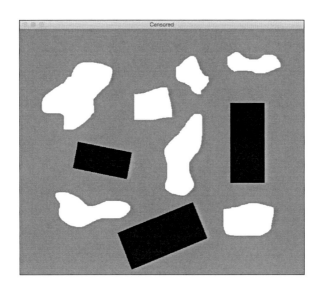

```
import sys
import cv2
import numpy as np

if __name__=='__main__':
    # Input image containing all the shapes
    img = cv2.imread(sys.argv[1])

    img_orig = np.copy(img)
    input_contours = get_all_contours(img)
    solidity_values = []

    # Compute solidity factors of all the contours
    for contour in input_contours:
        area_contour = cv2.contourArea(contour)
        convex_hull = cv2.convexHull(contour)
        area_hull = cv2.contourArea(convex_hull)
        solidity = float(area_contour)/area_hull
        solidity_values.append(solidity)

    # Clustering using KMeans
```

```
    criteria = (cv2.TERM_CRITERIA_EPS + cv2.TERM_CRITERIA_MAX_ITER, 10,
1.0)
    flags = cv2.KMEANS_RANDOM_CENTERS
    solidity_values = \
np.array(solidity_values).reshape((len(solidity_values),1)).astype('float32
')
    compactness, labels, centers = cv2.kmeans(solidity_values, 2, None,
criteria, 10, flags)

    closest_class = np.argmin(centers)
    output_contours = []
    for i in solidity_values[labels==closest_class]:
        index = np.where(solidity_values==i)[0][0]
        output_contours.append(input_contours[index])

    cv2.drawContours(img, output_contours, -1, (0,0,0), 3)
    cv2.imshow('Output', img)

    # Censoring
    for contour in output_contours:
        rect = cv2.minAreaRect(contour)
        box = cv2.boxPoints(rect)
        box = np.int0(box)
        cv2.drawContours(img_orig, [box], 0, (0,0,0), -1)

    cv2.imshow('Censored', img_orig)
    cv2.waitKey()
```

● 영상분할

영상분할(image segmentation)은 영상을 구성요소로 분할하는 과정이다. 이것은 컴퓨터비전 응용에서 매우 중요한 단계이다. 영상을 분할하는 데는 다양한 방법들이 있으며, 일반적으로 컬러(color), 텍스처(texture), 로케이션(location) 등의 측정방법을 기반으로 한다. 몇몇 자주 사용되는 방법을 살펴보자.

우선 GrabCut라는 기술을 살펴보자. 이 방법은 **그래프-컷**(graph-cuts)에 기반을 둔 영상 분할 방법이다. 그래프-컷 방법은 전체 영상을 그래프로 보고, 해당 그래프의 에지 강도를 기준으로 그래프를 분할한다. 노드가 되는 각 픽셀(pixel)을 고려하여 그래프를 구성하고, 에지는 두 노드 사이에 구성된다. 그리고 에지 가중치는 두 노드의 픽셀 값의 함수이다. 경계가 있을 때마다 픽셀의 값은 더 높고, 에지 가중치 또한 더 높다. 이 그래프는 그래프의 깁스 에너지(Gibss energy)를 최소화하는 것으로 분할한다. 이것은 최대 엔트로피 분할 (maximum entropy segmentation)을 찾는 것과 유사하다. 보다 자세한 내용은 다음의 원본 논문을 통하여 알아볼 수 있다(`http://cvg.ethz.ch/teaching/cvl/2012/grabcut-siggraph04.pdf`).

다음의 영상은 영상 분할을 위한 원본 영상이다.

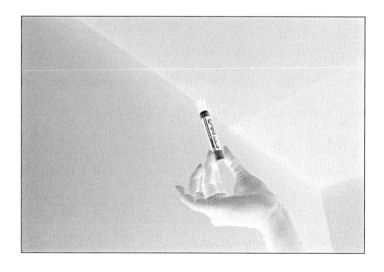

아래 영상은 영상에서 관심 영역을 선택한 것이다.

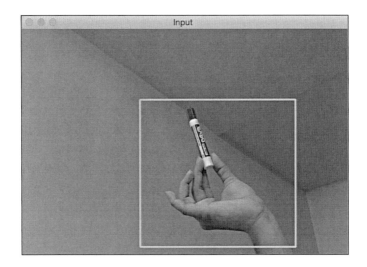

아래는 분할된 최종 영상이다.

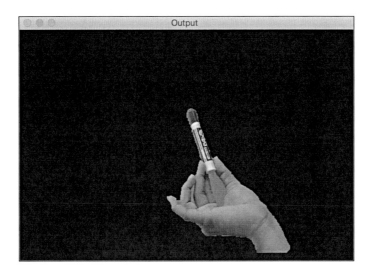

아래 코드를 실행하여 확인하여 보자.

```
import sys
import cv2
```

```python
import numpy as np

# Draw rectangle based on the input selection
def draw_rectangle(event, x, y, flags, params):
    global x_init, y_init, drawing, top_left_pt, bottom_right_pt, img_orig

    # Detecting mouse button down event
    if event == cv2.EVENT_LBUTTONDOWN:
        drawing = True
        x_init, y_init = x, y

    # Detecting mouse movement
    elif event == cv2.EVENT_MOUSEMOVE:
        if drawing:
            top_left_pt, bottom_right_pt = (x_init,y_init), (x,y)
            img[y_init:y, x_init:x] = 255 - img_orig[y_init:y, x_init:x]
            cv2.rectangle(img, top_left_pt, bottom_right_pt, (0,255,0), 2)

    # Detecting mouse button up event
    elif event == cv2.EVENT_LBUTTONUP:
        drawing = False
        top_left_pt, bottom_right_pt = (x_init,y_init), (x,y)
        img[y_init:y, x_init:x] = 255 - img[y_init:y, x_init:x]
        cv2.rectangle(img, top_left_pt, bottom_right_pt, (0,255,0), 2)
        rect_final = (x_init, y_init, x-x_init, y-y_init)

        # Run Grabcut on the region of interest
        run_grabcut(img_orig, rect_final)

# Grabcut algorithm
def run_grabcut(img_orig, rect_final):
    # Initialize the mask
    mask = np.zeros(img_orig.shape[:2],np.uint8)

    # Extract the rectangle and set the region of
    # interest in the above mask
    x,y,w,h = rect_final
```

```python
        mask[y:y+h, x:x+w] = 1
        # Initialize background and foreground models
        bgdModel = np.zeros((1,65), np.float64)
        fgdModel = np.zeros((1,65), np.float64)

        # Run Grabcut algorithm
        cv2.grabCut(img_orig, mask, rect_final, bgdModel, fgdModel, 5,
cv2.GC_INIT_WITH_RECT)

        # Extract new mask
        mask2 = np.where((mask==2)|(mask==0),0,1).astype('uint8')

        # Apply the above mask to the image
        img_orig = img_orig*mask2[:,:,np.newaxis]

        # Display the image
        cv2.imshow('Output', img_orig)

if __name__=='__main__':
    drawing = False
    top_left_pt, bottom_right_pt = (-1,-1), (-1,-1)

    # Read the input image
    img_orig = cv2.imread(sys.argv[1])
    img = img_orig.copy()

    cv2.namedWindow('Input')
    cv2.setMouseCallback('Input', draw_rectangle)

    while True:
        cv2.imshow('Input', img)
        c = cv2.waitKey(1)
        if c == 27:
            break

    cv2.destroyAllWindows()
```

분할 동작 원리

사용자가 지정한 시드 포인트(seed points)를 가지고 시작하고, 이것은 관심 객체(object)가 있는 경계 상자가 된다. 그리고 알고리즘은 객체와 배경의 컬러 분포를 추정하여, 영상의 컬러 분포를 Gaussian Mixture Markov Random Field (GMMRF)로 나타낸다. GMMRF에 대한 보다 상세한 내용은 다음의 논문을 참고하기 바란다(http://research.microsoft. com/pubs/67898/eccv04-GMMRF.pdf). 이 지식을 사용하여 객체를 분리하기 때문에 객체와 배경의 컬러 분포가 필요하다. 이 정보는 Markov Random Field에 민-컷 알고리즘 (min-cut algorithm)을 적용하여 최대 엔트로피 분할(maximum entropy segmentation)을 찾는 데 사용된다. 이것을 가지고 있을 때, 레이블을 추론하기 위하여 그래프 컷 최적화 방법을 사용한다.

워터쉐드(watershed) 알고리즘

워터쉐드는 매우 유명한 영상 분할 방법이로서 OpenCV에서 기본적으로 구현되어 있다. 다음의 OpenCV에서 제공하는 자료를 통하여 워터쉐드에 대한 보다 자세한 정보를 살펴볼 수 있다(http://docs.opencv.org/master/d3/db4/tutorial_py_watershed. html). 이미 OpenCV 소스 코드에 접근할 수 있으므로 여기서는 코드를 보지 않겠다. 워터쉐드 이론에 따르면, 그레이스케일 영상은 지형적인 면(topographic surface)으로 간주할 수 있다. 이 알고리즘은 유명하여 많은 형태의 사용 가능한 구현들이 있다.

아래 영상은 영상분할 원본 영상이다.

다음 영상은 분할할 영역을 선택한 것이다.

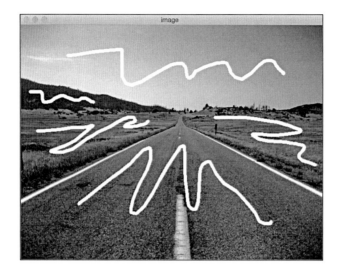

아래 영상은 워터쉐드를 실행하여 영상 분할한 결과이다.

샘플 코드는 워터쉐드 알고리즘의 많은 응용들과 함께 앞에서 알려준 링크에서 발견할 수 있을 것이다.

요약

본 장에서 우리는 윤곽선 분석과 영상분할에 대하여 배웠다. 그 내용으로는 템플릿에 기반을 둔 형상 매칭과 형상의 다양한 속성과 그 속성을 이용한 다른 종류의 형상을 영상에서 인식하는 것에 대하여 배웠다. 그리고 영상분할에서는 영상분할을 위한 그래프 기반 방법을 사용하는 것과 워터쉐드 방법을 이용한 방법을 간략하게 논하였다.

다음 장에서는 비디오 영상에서 객체를 추적(tracking)하는 것에 대하여 배울 것이다.

## Chapter 08

객체추적

8장에서 다루는 학습 내용

- 프레임 차영상 이용 방법
- 컬러 객체추적을 위한 컬러공간 사용법
- 상호작용 객체 추적기 구성 방법
- 특징 기반 추적기 구성 방법
- 비디오 감시 시스템 구축 방법

소개

본 장에서 우리는 라이브 비디오에서 객체추적에 대하여 배운다. 객체를 추적하는데 사용될 수 있는 다양한 특성에 대하여 설명한다. 또한 객체추적을 위한 여러 다양한 방법과 기법에 대해서도 배우게 된다.

● 프레임 차영상

프레임(fram)의 차영상을 이용하는 것은 비디오 영상에서 움직임을 감지하는데 있어 가장 단순한 기술이다. 연속적인 두 프레임의 차영상은 많은 정보를 제공할 수 있으며, 아래의 영상들은 두 연속하는 프레임의 차영상을 나타낸 것이다. 먼저 사람이 왼쪽에서 오른쪽으로 빠르게 이동하였을 때의 차영상이다.

위 차영상에서 알 수 있듯이 비디오에서 이동된 부분만 하이라이트가 된다. 이러한 정보는 비디오에서 이동하는 부분을 추적 하는데 있어 좋은 시작 포인트가 된다. 아래 코드를 구현하여 확인하여 보자.

```python
import cv2

# Compute the frame difference
def frame_diff(prev_frame, cur_frame, next_frame):
    # Absolute difference between current frame and next frame
    diff_frames1 = cv2.absdiff(next_frame, cur_frame)

    # Absolute difference between current frame and
     # previous frame
    diff_frames2 = cv2.absdiff(cur_frame, prev_frame)
```

```python
    # Return the result of bitwise 'AND' between the
    # above two resultant images to obtain a mask where
    # only the areas with white pixels are shown
    return cv2.bitwise_and(diff_frames1, diff_frames2)

# Capture the frame from webcam
def get_frame(cap, scaling_factor):
    # Capture the frame
    ret, frame = cap.read()

    # Resize the image
    frame = cv2.resize(frame, None, fx=scaling_factor,
        fy=scaling_factor, interpolation=cv2.INTER_AREA)

    return frame

if __name__=='__main__':
    cap = cv2.VideoCapture(0)
    scaling_factor = 0.5

    cur_frame, prev_frame, next_frame = None, None, None
    while True:
        frame = get_frame(cap, scaling_factor)
        prev_frame = cur_frame
        cur_frame = next_frame
        # Convert frame to grayscale image
        next_frame = cv2.cvtColor(frame, cv2.COLOR_RGB2GRAY)
        if prev_frame is not None:
            cv2.imshow("Object Movement", frame_diff(prev_frame, cur_frame,
next_frame))

        key = cv2.waitKey(delay=10)
        if key == 27:
            break

    cv2.destroyAllWindows()
```

● 컬러공간 기반 추적

프레임 차영상은 유용한 정보를 제공해주지만, 의미 있는 것을 만들기 위해서는 사용할 수 없다. 우수한 물체 추적기를 만들기 위해서는 추적을 강력하고 정확하게 하는 데 사용할 수 있는 특성들을 이해해야 한다. **컬러 공간**을 사용하여 좋은 추적기를 만드는 방법을 알아보겠다. 이전 장에서 논의하였듯이, HSV 컬러 공간은 인간의 인식과 관련하여 매우 유용한 정보를 제공한다. 영상을 HSV 컬러 공간으로 변환하여 `colorspacethresholding`을 사용하여 주어진 객체를 추적할 수 있다. 다음 영상은 비디오에서 추적할 객체를 보여준다.

컬러공간 필터를 통해 이를 실행하고 객체를 추적하면 다음과 같다.

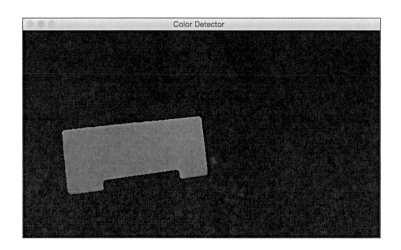

여기에서 사용된 객체 추적기는 컬러의 특성을 기반으로 비디오에서 특정 객체만을 인식한다. 이 추적기를 사용하기 위해서는 추적할 객체의 컬러 분포를 알아야하는데, 다음의 코드를 실행하여 확인하여 보자.

```python
import cv2
import numpy as np

if __name__=='__main__':
    cap = cv2.VideoCapture(0)
    scaling_factor = 0.5

    # Define 'blue' range in HSV color space
    lower = np.array([60,100,100])
    upper = np.array([180,255,255])

    while True:
        frame = get_frame(cap, scaling_factor)

    # Convert the HSV color space
    hsv_frame = cv2.cvtColor(frame, cv2.COLOR_BGR2HSV)

    # Threshold the HSV image to get only blue color
    mask = cv2.inRange(hsv_frame, lower, upper)

    # Bitwise-AND mask and original image
    res = cv2.bitwise_and(frame, frame, mask=mask)
    res = cv2.medianBlur(res, ksize=5)

    cv2.imshow('Original image', frame)
    cv2.imshow('Color Detector', res)

    # Check if the user pressed ESC key
    c = cv2.waitKey(delay=10)
    if c == 27:
        break

cv2.destroyAllWindows()
```

● 상호작용 객체 추적기

컬러공간 기반 추적기는 컬러 객체를 추적하는데 훌륭하지만, 컬러를 미리 선택해야 하고 그 선택된 컬러에 제한을 받는다. 따라서 이러한 제한을 받지 않으면서 임의의 선택한 객체의 특성을 분석하여 자동으로 추적할 수 있도록 한 것이 CAMShift이다. 이것은 기본적으로 MeanShif 알고리즘의 개선된 버전이다. MeanShift의 개념은 매우 훌륭하고 간단하다. 관심 영역을 선택하여 객체 추적기가 해당 객체를 추적한다고 하자. 그 영역에서 컬러 히스토그램을 기반으로 다수의 포인트를 선택하여 중심을 계산한다. 중심이 이 영역의 중심에 놓여 있다면 물체가 움직이지 않고 있는 것이다. 그러나 중심이 이 영역의 중심에 있지 않으면 객체가 어떤 방향으로 움직이고 있다는 것이다. 중심의 이동은 객체가 움직이는 것을 제어한다. 따라서 새로운 중심이 선택 영역의 중심이 되도록 선택 영역을 새 위치로 이동한다. 평균(중심)이 이동하므로 인해 이 알고리즘을 **평균 시프트(MeanShift)**라고 한다. 이렇게 하면 객체의 현재 위치가 업데이트된다.

그러나 MeanShift는 선택 영역의 크기 변화를 허용하지 않는 문제를 가지고 있다. 추적하려는 객체가 카메라에서 멀어져 가면 그 객체의 크기가 작아진다. 그러나 MeanShift는 이러한 것을 고려하지 않고 선택 영역 크기가 그대로 유지된다. 따라서 MeanShift의 이러한 문제를 개선한 것이 CAMShift이다. CAMShift는 객체의 크기에 따라 선택 영역의 크기가 적응되도록하여 객체를 추적한다. 이와 함께 객체의 방향을 추적할 수도 있다. 다음 영상은 밝은색으로 강조 표시된 프레임이다(손 안에 있는 박스).

먼저 우리가 객체를 선택하면 알고리즘은 히스토그램 역 투영(backprojection)을 계산하고 모든 정보를 추출한다. 그리고 아래 프레임은 객체를 이동하였을 때 추적하는 영상이다.

아래와 같이 방향을 변경하였을 때도 객체를 매우 잘 추적하는 것을 보여주고 있다.

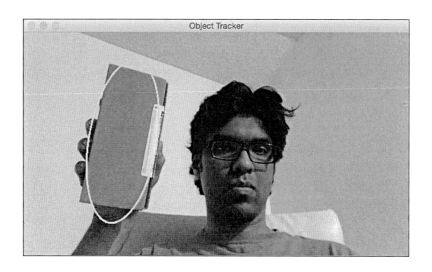

다음 영상을 보면 추적하려는 객체의 위치와 방향에 따라 선택 영역이 변경된다. 그리고 객체에 원근 변화가 있을 때에도 그 객체를 잘 추적하는 것을 알 수 있다. 다음의 코드를 실행하여 확인하여 보자.

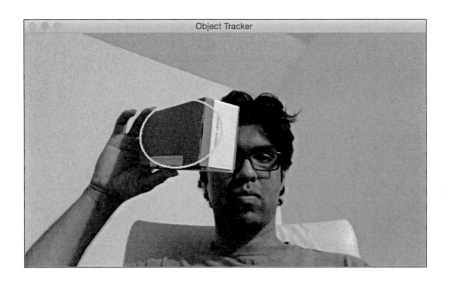

```python
import sys
import cv2
import numpy as np

class ObjectTracker():
    def __init__(self):
        # Initialize the video capture object
        # 0 -> indicates that frame should be captured
        # from webcam
        self.cap = cv2.VideoCapture(0)

        # Capture the frame from the webcam
        ret, self.frame = self.cap.read()

        # Downsampling factor for the input frame
        self.scaling_factor = 0.8
        self.frame = cv2.resize(self.frame, None, fx=self.scaling_factor,
fy=self.scaling_factor, interpolation=cv2.INTER_AREA)

        cv2.namedWindow('Object Tracker')
        cv2.setMouseCallback('Object Tracker', self.mouse_event)
```

```python
        self.selection = None
        self.drag_start = None
        self.tracking_state = 0

# Method to track mouse events
def mouse_event(self, event, x, y, flags, param):
    x, y = np.int16([x, y])

    # Detecting the mouse button down event
    if event == cv2.EVENT_LBUTTONDOWN:
        self.drag_start = (x, y)
        self.tracking_state = 0

    if self.drag_start:
        if event == cv2.EVENT_MOUSEMOVE:
            h, w = self.frame.shape[:2]
            xo, yo = self.drag_start
            x0, y0 = np.maximum(0, np.minimum([xo, yo], [x, y]))
            x1, y1 = np.minimum([w, h], np.maximum([xo, yo], [x, y]))
            self.selection = None

            if x1-x0 > 0 and y1-y0 > 0:
                self.selection = (x0, y0, x1, y1)

    elif event == cv2.EVENT_LBUTTONUP:
        self.drag_start = None
        if self.selection is not None:
            self.tracking_state = 1

# Method to start tracking the object
def start_tracking(self):
    # Iterate until the user presses the Esc key
    while True:
        # Capture the frame from webcam
        ret, self.frame = self.cap.read()
        # Resize the input frame
        self.frame = cv2.resize(self.frame, None,
```

```python
                fx=self.scaling_factor, fy=self.scaling_factor,
interpolation=cv2.INTER_AREA)

            vis = self.frame.copy()

            # Convert to HSV color space
            hsv = cv2.cvtColor(self.frame, cv2.COLOR_BGR2HSV)

            # Create the mask based on predefined thresholds.
            mask = cv2.inRange(hsv, np.array((0., 60., 32.)),
np.array((180., 255., 255.)))

            if self.selection:
                x0, y0, x1, y1 = self.selection
                self.track_window = (x0, y0, x1-x0, y1-y0)
                hsv_roi = hsv[y0:y1, x0:x1]
                mask_roi = mask[y0:y1, x0:x1]

                # Compute the histogram
                hist = cv2.calcHist( [hsv_roi], [0], mask_roi, [16], [0,
180] )

                # Normalize and reshape the histogram
                cv2.normalize(hist, hist, 0, 255, cv2.NORM_MINMAX);
                self.hist = hist.reshape(-1)

                vis_roi = vis[y0:y1, x0:x1]
                cv2.bitwise_not(vis_roi, vis_roi)
                vis[mask == 0] = 0

            if self.tracking_state == 1:
                self.selection = None

                # Compute the histogram back projection
                prob = cv2.calcBackProject([hsv], [0], self.hist, [0, 180],
1)
                prob &= mask
```

```
                   term_crit = ( cv2.TERM_CRITERIA_EPS |
    cv2.TERM_CRITERIA_COUNT, 10, 1 )

                   # Apply CAMShift on 'prob'
                   track_box, self.track_window = cv2.CamShift(prob,
    self.track_window, term_crit)

                   # Draw an ellipse around the object
                   cv2.ellipse(vis, track_box, (0, 255, 0), 2)

               cv2.imshow('Object Tracker', vis)

               c = cv2.waitKey(delay=5)
               if c == 27:
                   break

           cv2.destroyAllWindows()

    if __name__ == '__main__':
        ObjectTracker().start_tracking()
```

● 특징 기반 추적

특징 기반 추적은 비디오에서 연속적인 프레임 전반에서 특징 포인트를 추적하는 것과 관련이 있다. 특징 포인트를 추적하기 위하여 컴퓨터비전 분야에서 활발하게 사용되고 있는 **광류(optical flow)**를 사용한다. 다수의 특징 포인트를 선택하고, 그것을 바탕으로 비디오 영상에서 추적한다.

특징 포인트를 검출할 때, 모션 벡터(motion vector)라고 불리는 이동 벡터를 계산한 후 연속적인 프레임 사이의 키포인트(keypoints)의 모션을 나타낸다. 여러 방법들이 있지만 가장 인기 있는 방법 중 하나가 Lucas-Kanade 방법이다. 이 방법에 대한 자세한 내용은 다음의 논문을 참고하기 바란다(http://cseweb.ucsd.edu/classes/sp02/cse252/lucaskanade81.pdf). 특징 추출은 중앙에 특징 포인트를 가지는 3 x 3 영역을 이용하여 추출한다. 그리고 이 영역의 특징 포인트들은 비슷한 모션을 하는 것으로 가정하고, 문제 발생 시 이 영역의 크기를 수동으로 조정한다.

현재 프레임(current frame)의 특징 포인트에 대하여 3 x 3 영역 주변을 참고 포인트(reference point)로 취한다. 이전 프레임(previous frame)에서는 가장 근접한 영역을 획득하기 위하여 3 x 3 영역보다 큰 이웃을 참고한다. 이전 프레임에서 일치된 영역의 중앙 픽셀로부터 현재 프레임 영역의 중앙 픽셀로의 패스(path)가 모션 벡터가 된다. 이렇게 모든 특징 포인트에 대해서 모션 벡터를 추출한다. 다음의 비디오 프레임은 특징 포인트를 나타낸 것이다.

다음은 수평 방향으로 움직여 수평 방향의 모션 벡터를 보여주는 것이다.

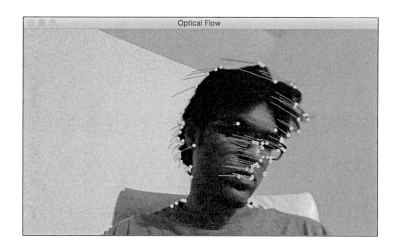

다음은 카메로부터 멀어지는 것을 보여주는 영상이다.

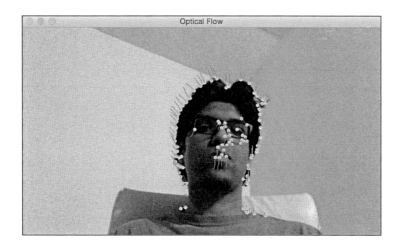

먼저, 이전 프레임을 사용하여 모션벡터를 얻기 위해 주어진 영상에서 특징점을 추출하는 함수를 구현하도록 하자.

```python
def compute_feature_points(tracking_paths, prev_img, current_img):
    feature_points = [tp[-1] for tp in tracking_paths]
    # Vector of 2D points for which the flow needs to be found
    feature_points_0 = np.float32(feature_points).reshape(-1, 1, 2)

    feature_points_1, status_1, err_1 = cv2.calcOpticalFlowPyrLK(prev_img,
current_img, \
        feature_points_0, None, **tracking_params)
    feature_points_0_rev, status_2, err_2 =
cv2.calcOpticalFlowPyrLK(current_img, prev_img, \
            feature_points_1, None, **tracking_params)

    # Compute the difference of the feature points
    diff_feature_points = abs(feature_points_0-
feature_points_0_rev).reshape(-1, 2).max(-1)

    # threshold and keep only the good points
    good_points = diff_feature_points < 1
    return feature_points_1.reshape(-1, 2), good_points
```

이제, 앞의 방법으로 얻은 특징점을 바탕으로 주어진 관심 영역(ROI)에 대해 추적하는 방법을 구현할 수 있다. 여기에 모션 벡터(트래킹 패스)를 나타낼 수 있다.

```python
# Extract area of interest based on the tracking_paths
# In case there is none, entire frame is used
def calculate_region_of_interest(frame, tracking_paths):
    mask = np.zeros_like(frame)
    mask[:] = 255
    for x, y in [np.int32(tp[-1]) for tp in tracking_paths]:
        cv2.circle(mask, (x, y), 6, 0, -1)
    return mask

def add_tracking_paths(frame, tracking_paths):
    mask = calculate_region_of_interest(frame, tracking_paths)

    # Extract good features to track. You can learn more
    # about the parameters here: http://goo.gl/BI2Kml
    feature_points = cv2.goodFeaturesToTrack(frame, mask = mask, maxCorners = 500, \
            qualityLevel = 0.3, minDistance = 7, blockSize = 7)

    if feature_points is not None:
        for x, y in np.float32(feature_points).reshape(-1, 2):
            tracking_paths.append([(x, y)])

def start_tracking(cap, scaling_factor, num_frames_to_track,
num_frames_jump, tracking_params):
    tracking_paths = []
    frame_index = 0

    # Iterate until the user presses the ESC key
    while True:
        # read the input frame
        ret, frame = cap.read()

        # downsample the input frame
        frame = cv2.resize(frame, None, fx=scaling_factor,
```

```
fy=scaling_factor, \
interpolation=cv2.INTER_AREA)

        frame_gray = cv2.cvtColor(frame, cv2.COLOR_BGR2GRAY)
        output_img = frame.copy()

        if len(tracking_paths) > 0:
            prev_img, current_img = prev_gray, frame_gray
            # Compute feature points using optical flow. You can
            # refer to the documentation to learn more about the
            # parameters here: http://goo.gl/t6P4SE
            feature_points, good_points =
compute_feature_points(tracking_paths, \
                prev_img, current_img)

            new_tracking_paths = []
            for tp, (x, y), good_points_flag in \
                zip(tracking_paths, feature_points, good_points):
                if not good_points_flag: continue

                tp.append((x, y))

                # Using the queue structure i.e. first in, first out
                if len(tp) > num_frames_to_track: del tp[0]

                new_tracking_paths.append(tp)

                # draw green circles on top of the output image
                cv2.circle(output_img, (x, y), 3, (0, 255, 0), -1)

            tracking_paths = new_tracking_paths

            # draw green lines on top of the output image
            point_paths = [np.int32(tp) for tp in tracking_paths]
            cv2.polylines(output_img, point_paths, False, (0, 150, 0))

        # 'if' condition to skip every 'n'th frame
        if not frame_index % num_frames_jump:
```

```
        add_tracking_paths(frame_gray, tracking_paths)

    frame_index += 1
    prev_gray = frame_gray

    cv2.imshow('Optical Flow', output_img)

    # Check if the user pressed the ESC key
    c = cv2.waitKey(1)
    if c == 27:
        break
```

광류 기반 추적을 하기 위해 앞의 코드를 사용을 살펴보자.

```
import cv2
import numpy as np

if __name__ == '__main__':
    # Capture the input frame
    cap = cv2.VideoCapture(1)

    # Downsampling factor for the image
    scaling_factor = 0.5

    # Number of frames to keep in the buffer when you
    # are tracking. If you increase this number,
    # feature points will have more "inertia"
    num_frames_to_track = 5

    # Skip every 'n' frames. This is just to increase the speed.
    num_frames_jump = 2

    # 'winSize' refers to the size of each patch. These patches
    # are the smallest blocks on which we operate and track
    # the feature points. You can read more about the parameters
    # here: http://goo.gl/ulwqLk
    tracking_params = dict(winSize = (11, 11), maxLevel = 2, \
```

```
        criteria = (cv2.TERM_CRITERIA_EPS | cv2.TERM_CRITERIA_COUNT, 10,
    0.03))
    start_tracking(cap, scaling_factor, num_frames_to_track, \
        num_frames_jump, tracking_params)
    cv2.destroyAllWindows()
```

따라서, 사용자가 이전처럼 입력 비디오에서 관심 영역을 선택하게 할 수 있다. 그런 다음 이 관심 영역에서 특징점을 추출하고, 경계 상자를 그려 객체를 추적할 수 있다. 재미있는 일이 될 것이다!

● 배경 제거

배경 제거는 비디오 감시에서 매우 유용한 기술로서, 정적인 장면에서 움직인 객체를 검출하는데 매우 효과적인 방법으로 사용된다. 배경을 촬영하고 전경이 포함된 현재의 프레임에서 그것을 빼줌으로써 움직이는 객체를 획득할 수 있다. 이름에서 알 수 있듯이 이 알고리즘은 배경을 감지하고 현재 프레임에서 뺀 후 전경, 즉 움직이는 객체를 획득한다. 이를 위하여 배경 모델을 만드는 과정이 필요하고, 만들어진 배경 모델을 이용하여 전경에서 움직임 객체를 검출함으로써 단순한 프레임 차영상보다 수행 능력이 뛰어나다. 이 기술은 장면에서 정적인 부분을 감지하고, 배경 모델에 그것을 포함한다. 따라서 배경 제거 기법은 장면에 따라 조정할 수 있는 적응형 기술이다.

다음은 비디오의 한 영상이다.

이제 이 장면에서 더 많은 프레임을 수집하면 영상의 모든 부분이 점진적으로 배경 모델의 일부가 된다. 이것은 앞에서 논한 것이다. 만약 장면이 정적이면 모델이 적응하여 배경 모델이 업데이트 되는지 확인을 한다. 다음 영상은 배경 모델의 초기 단계를 보여주고 있다.

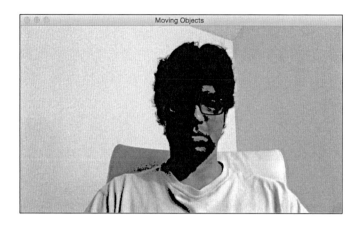

저자의 얼굴 일부가 이미 배경 모델(흑색 영역)의 일부가 된 것을 주목하라. 다음 영상은 수초 후에 얼굴 부분이 어떻게 배경 모델이 되어가는 지를 보여 주고 있다.

조금 더 지나면 아래와 같이 거의 모든 부분이 배경 모델이 되는 것을 알 수 있다.

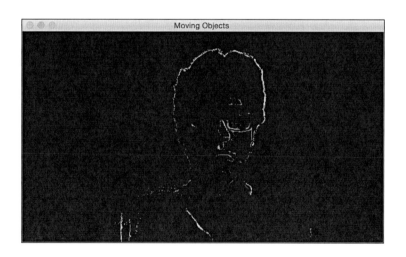

다음의 영상은 새롭게 움직이는 객체가 추가된다면, 그 움직이는 객체를 명확하게 검출한 결과를 보여주는 프레임이다.

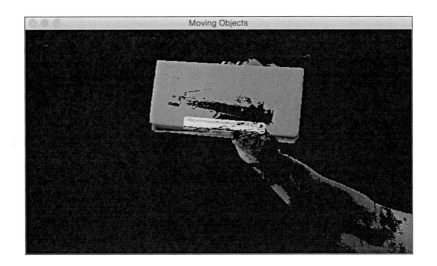

다음 코드를 통하여 확인하여 보자.

```python
import cv2
import numpy as np

# Capture the input frame
def get_frame(cap, scaling_factor=0.5):
    ret, frame = cap.read()

    # Resize the frame
    frame = cv2.resize(frame, None, fx=scaling_factor,
            fy=scaling_factor, interpolation=cv2.INTER_AREA)

return frame

if __name__=='__main__':
    # Initialize the video capture object
    cap = cv2.VideoCapture(1)

    # Create the background subtractor object
    bgSubtractor = cv2.createBackgroundSubtractorMOG2()
```

```python
# This factor controls the learning rate of the algorithm.
# The learning rate refers to the rate at which your model
# will learn about the background. Higher value for
# 'history' indicates a slower learning rate. You
# can play with this parameter to see how it affects
# the output.
history = 100

# Iterate until the user presses the ESC key
while True:
    frame = get_frame(cap, 0.5)

    # Apply the background subtraction model to the input frame
    mask = bgSubtractor.apply(frame, learningRate=1.0/history)

    # Convert from grayscale to 3-channel RGB
    mask = cv2.cvtColor(mask, cv2.COLOR_GRAY2BGR)

    cv2.imshow('Input frame', frame)
    cv2.imshow('Moving Objects MOG', mask & frame)

    # Check if the user pressed the ESC key
    c = cv2.waitKey(delay=30)
    if c == 27:
        break

cap.release()
cv2.destroyAllWindows()
```

앞의 예에서, 우리는 **BackgroundSubtractorMOG**로 알려진 배경 빼기 메소드를 사용했다. 이것은 가우스 혼합 기반 배경/전경 세분화 알고리즘이다. 이 알고리즘에서 배경 픽셀 각각은 행렬에 배치되고 가우시안 분포를 적용하여 혼합된다. 각 색상은 장면에 머물러 있는 시간을 나타내는 가중치를 받는다. 그런 식으로 정적인 채색은 배경을 정의하는 데 사용된다.

```python
if __name__=='__main__':
    # Initialize the video capture object
```

```
cap = cv2.VideoCapture(1)

# Create the background subtractor object
bgSubtractor= cv2.bgsegm.createBackgroundSubtractorGMG()
kernel = cv2.getStructuringElement(cv2.MORPH_ELLIPSE, ksize=(3,3))

# Iterate until the user presses the ESC key
while True:
    frame = get_frame(cap, 0.5)

    # Apply the background subtraction model to the input frame
    mask = bgSubtractor.apply(frame)
    # Removing noise from background
    mask = cv2.morphologyEx(mask, cv2.MORPH_OPEN, kernel)

    cv2.imshow('Input frame', frame)
    cv2.imshow('Moving Objects', mask)

    # Check if the user pressed the ESC key
    c = cv2.waitKey(delay=30)
    if c == 27:
        break

cap.release()
cv2.destroyAllWindows()
```

더 잘 수행할 수있는 다른 대안이 있다. 예를 들어, 영상 잡음 제거, BackgroundSubtractor-GMG의 경우이다. 그들에 대해 더 알고 싶다면 이곳을 참고하라(https://docs.opencv.org/3.0-beta/doc/py_tutorials/py_video/py_bg_subtraction/py_bg_subtraction.html).

요약

본 장에서 우리는 객체추적에 대하여 배웠다. 프레임 차영상을 통하여 모션 정보를 얻는 방법과 다른 모형의 객체를 추적하기 위하여 그것을 제한하는 방법에 대하여 배웠다. 컬러 공간 문턱치와 이것을 이용한 컬러 객체추적에 대해서도 배웠다. 객체를 추적하기 위한 군집화(clustering)하는 기술과 CAMShift를 이용한 상호작용 객체 추적기에 관하여 논하였다. 비디오에서 특징을 추적하는 것과 광류를 어떻게 이용하는 지에 대해서도 논의하였다. 그리고 배경 제거와 그것을 비디오 감시에 어떻게 사용하는 지에 대하여 배웠다.

다음 장에서 우리는 객체인식(object recognition)과 시각 검색 엔진(visual search engine)을 어떻게 만드는지에 대하여 배우게 될 것이다.

객체인식

소개

본 장에서 우리는 객체인식에 대하여 배우고, 이를 이용하여 시각 검색 엔진을 구축하는 방법에 대하여 알아본다. 또한 분류기를 구축하기 위하여 특징 검출, 특징 벡터 구현 그리고 기계학습에 대하여 토의한다. 객체인식 시스템을 구축하기 위하여 서로 다른 블록을 사용하는 방법에 대하여 배운다.

● 객체검출 대 객체인식

"객체검출"과 "객체인식"을 자주 듣다보면 이 둘이 같은 것으로 종종 오해한다. 이 둘 사이에는 매우 큰 차이가 존재하는데, 본 장에서 본격적으로 논하기 전에, 이것의 차이점에 대하여 알아보자.

객체검출은 주어진 장면에서 특정 객체의 존재를 검출하는 것과 관련이 있다. 그 대상이 무엇인지 모른다. 예를 들면 4장의 얼굴 검출에서 주어진 영상에서 단지 존재하는 얼굴을 검출하였지 사람을 인식하지는 않았다. 왜냐면 주어진 영상에서 얼굴의 위치를 찾는 것이 목적이었기 때문이다. 상업적 얼굴인식 시스템은 신원 확인을 위하여 얼굴 검출과 인식을 둘 다 적용하고 있다. 먼저 얼굴의 위치를 찾고, 그것을 인식하기 위하여 얼굴 인식기를 수행한다.

객체인식은 주어진 영상에서 객체를 확인하는 과정이다. 예를 들면 객체인식 시스템은 여러분에게 주어진 영상에서 옷이 있는지 아니면 구두가 있는지 알려줄 수 있다. 많은 다양한 객체를 인식하기 위하여 객체인식 시스템을 훈련시킬 수 있지만, 이를 위해서 풀어야 할 어려운 문제점들이 많다. 이것은 컴퓨터비전 연구자에게 오랫동안 풀 수 없는 문제였고, 마치 컴퓨터비전의 아무리 애를 써도 찾을 수 없는 성배와도 같이 되었다. 사람은 매일 특별한 노력 없이 매우 쉽게 다양한 객체들을 인식한다. 그러나 컴퓨터는 사람의 정확도로 그것을 인식할 수 없다. 다음의 라떼 컵(latte cup) 영상을 보도록 하자.

다음의 객체검출은 컵 정보를 알려준다.

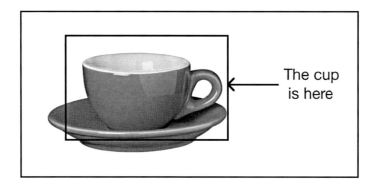

다음의 찻잔 영상을 보도록 하자.

객체 검출기를 수행하면 다음의 찻잔에 대한 결과를 얻을 것이다.

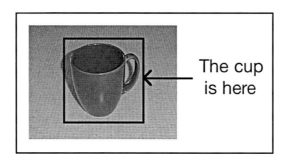

위의 두 경우와 같이 객체 검출기는 찻잔의 존재를 검출하지만 그 이상은 없다. 만약 객체 인식기를 훈련시켰다면 그 인식기는 다음의 정보를 알려줄 것이다.

두 번째 영상에 대해서는 다음의 정보를 알려줄 것이다.

완벽한 객체 인식기는 해당 객체와 연관된 모든 정보를 알려줄 것이다. 객체 인식기는 객체의 위치를 알 때 보다 정확하게 기능한다. 만약 큰 영상에 작은 컵이 있다면 객체 인식기는 그것을 잘 인식하지 못할 것이다. 따라서 먼저 객체를 검출하여 사각 박스로 표시하고, 그것에 대하여 객체 인식기를 실행시키면 보다 많은 정보를 획득할 수 있다.

● 고밀도 특징 검출기

영상에서 의미 있는 많은 정보를 추출하기 위해서는 주어진 영상의 모든 부분에서 특징들을 추출하도록 특징 검출기를 확실히 해두는 것이 필요하다. 다음의 영상을 보자.

만일 5장 영상의 특징 추출에서 다루었던 특징 추출기로 특징을 추출한다면 아래 그림과 같을 것이다.

만일 당신이 `cv2.FeaturetureDetector_create("Dense")` 검출기를 사용에 익숙하다면, 불행히도 OpenCV 3.2 이후에는 이 기능이 제거되었다, 그래서 그리드에 대해 반복하고 키포인트를 얻는 우리 자신의 것을 만들 필요가 있다.

아래의 영상과 같이 밀도를 희박하게 조정할 수 있다.

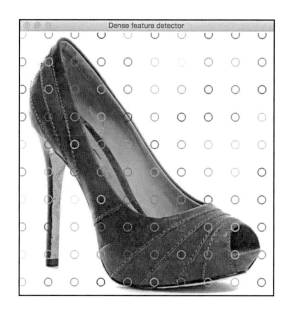

이렇게 함으로써 영상의 모든 단독 부분이 처리되도록 확실하게 할 수 있다. 아래의 코드를 통하여 확인하여 보자.

```python
import sys
import cv2
import numpy as np

class DenseDetector():
    def __init__(self, step_size=20, feature_scale=20, img_bound=20):
        # Create a dense feature detector
        self.initXyStep = step_size
        self.initFeatureScale = feature_scale
        self.initImgBound = img_bound

    def detect(self, img):
        keypoints = []
        rows, cols = img.shape[:2]
        for x in range(self.initImgBound, rows, self.initFeatureScale):
            for y in range(self.initImgBound, cols, self.initFeatureScale):
                keypoints.append(cv2.KeyPoint(float(x), float(y),
self.initXyStep))
        return keypoints

class SIFTDetector():
    def __init__(self):
        self.detector = cv2.xfeatures2d.SIFT_create()

    def detect(self, img):
        # Convert to grayscale
        gray_image = cv2.cvtColor(img, cv2.COLOR_BGR2GRAY)
        # Detect keypoints using SIFT
        return self.detector.detect(gray_image, None)

if __name__=='__main__':
    input_image = cv2.imread(sys.argv[1])
    input_image_dense = np.copy(input_image)
    input_image_sift = np.copy(input_image)
```

```
keypoints = DenseDetector(20,20,5).detect(input_image)
# Draw keypoints on top of the input image
input_image_dense = cv2.drawKeypoints(input_image_dense, keypoints,
None,\
    flags=cv2.DRAW_MATCHES_FLAGS_DRAW_RICH_KEYPOINTS)
# Display the output image
cv2.imshow('Dense feature detector', input_image_dense)

keypoints = SIFTDetector().detect(input_image)
# Draw SIFT keypoints on the input image
input_image_sift = cv2.drawKeypoints(input_image_sift, keypoints,
None,\
    flags=cv2.DRAW_MATCHES_FLAGS_DRAW_RICH_KEYPOINTS)
# Display the output image
cv2.imshow('SIFT detector', input_image_sift)

# Wait until user presses a key
cv2.waitKey()
```

이것은 추출된 많은 정보에 대해서 면밀히 제어(close control)를 할 수 있도록 해준다. SIFT 검출기의 경우 영상의 몇몇 부분이 무시된다. 이것은 주요한 특징을 검출할 때 잘 작동되지만, 객체 인식기를 개발할 때는 영상의 모든 부분을 평가해야 한다. 따라서 고밀도 검출기를 사용하여 키포인터(keypoints)에서 특징을 추출한다.

● 시각 사전

객체 인식기를 개발하기 위하여 **단어 주머니(Bag of Words)** 모델을 사용한다. 각 영상들은 시각 단어(visual words) 히스토그램으로 표현된다. 이들 시각 단어는 기본적으로 훈련 영상으로부터 추출된 모든 키포인트를 사용하여 구성된 N개의 중심(N centroid)이다. 이것의 파이프라인(pipeline)은 다음과 같다.

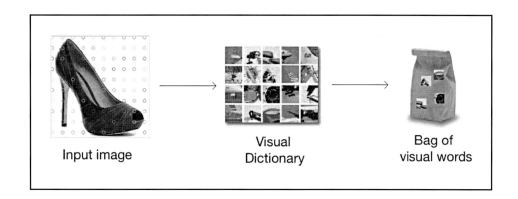

Input image   Visual Dictionary   Bag of visual words

각 훈련 영상으로부터 키포인트의 집합을 검출하고, 이들 키포인트에서 각각 특징을 추출한다. 모든 영상은 서로 다른 수의 키포인트를 생성한다. 분류기(classifier)를 훈련하기 위해서 각 영상은 고정된 길이의 특징 벡터를 사용하여 표현해야 한다. 이 특징 벡터는 각 빈(bin)이 시각 단어인 히스토그램이다.

훈련 영상에서 모든 키포인트로부터 모든 특징을 추출할 때, K-Means 클러스터링을 수행하고 N개의 중심을 추출한다. 이 N은 주어진 영상의 특징 벡터의 길이이다. 각 영상은 각 빈이 'N' 중심의 하나와 일치하는 히스토그램으로 표현된다. 단순하게 주어진 영상에 대하여 N을 4로 하고, 주어진 영상에서 K개의 키포인트를 추출한다. 이 K개의 포인트에서 몇 개는 첫 번째 중심에 가장 가까울 것이고, 또 몇 개는 두 번째 중심에 가까울 것이다. 이렇게 각 키포인트에 대해서 가장 근접한 중심을 기반으로 히스토그램을 만든다. 이렇게 만들어진 히스토그램이 특징 벡터가 되고, 이 과정을 **벡터 양자화**(vector quantization)라 한다.

벡터 양자화를 이해하기 위해 한 예를 살펴보도록 하겠다. 어떤 영상에 대하여 일정 수의 특징점을 추출한다. 여기서의 목표는 특징 벡터를 영상에 표현하는 것이다. 다음의 영상을 보자.

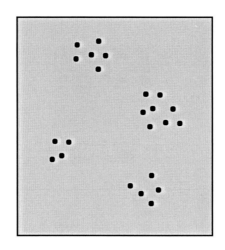

영상에서 보는 바와 같이 4개의 중심을 가지고 있다. 도형(figure)에서 보이고 있는 포인터들은 영상에서의 실제적인 기하학적 위치가 아니라 특징 공간을 나타낸다. 영상에서 기하학적으로 위치가 다른 것에서의 포인트는 도형 공간에서 서로 가까이 있다. 각 빈이 이들 중심들 중 하나와 일치하는 히스토그램으로 영상을 나타내는 것이 목표이다. 영상에서 많은 특징점을 추출하고, 그것을 일정한 길이의 특징 벡터로 변환한다. 이렇게 하여 각 특징 점을 다음의 그림과 같이 가장 가까운 중심으로 라운드 오프(round off)시킨다.

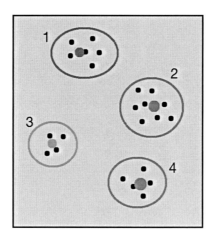

이 영상에 대하여 히스토그램을 구현하면 다음과 같다.

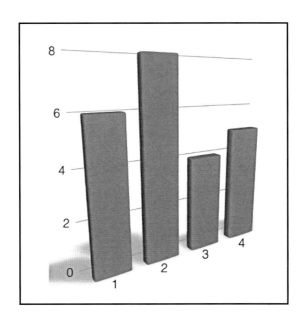

아래의 영상은 특징점의 분포가 다른 영상이다.

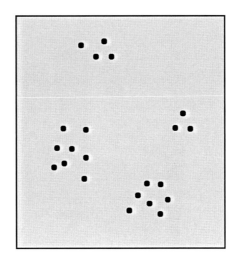

다음은 영상에 대한 클러스터의 결과이다.

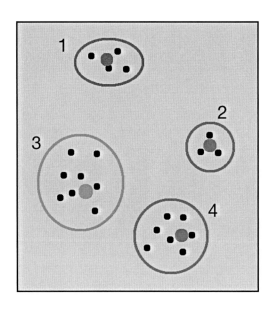

그리고 히스토그램은 아래의 영상과 같다.

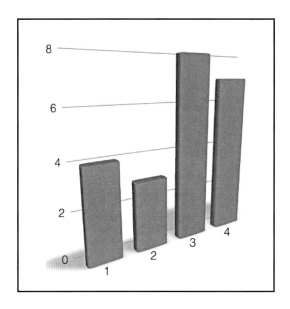

보는 바와 같이 포인트들이 무작위로 분포되어 있음에도 두 영상에 대한 히스토그램이 매우 다르다. 이것은 매우 강력한 기술로서 컴퓨터비전과 신호처리에 널리 사용되어 질 수 있다. 이것을 수행하는 여러 가지 방법이 있으며 정확도는 사용자가 원하는 정밀도에 따라 달라진다. 많은 중심을 증가시키면 영상을 보다 더 잘 표현할 수 있고, 그로인해 특징 벡터의 독특성을 높일 수 있다. 그러나 중심의 수를 무한정으로 늘릴 수 없고, 만약 그렇게 하게 되면 잡음이 너무 많아지고 능률이 떨어지게 된다.

● 지도학습과 비지도학습

머신러닝(혹은 기계학습)에 대하여 기본적인 것을 익히 알고 있다면, 지도학습과 비지도학습에 대해서도 대부분 알 것이다. 지도학습(supervised learning)은 분류된 표본에 기반을 둔 알고리즘을 구현하는 것과 관련이 있다. 예를 들면, 신발 영상에서 옷 영상을 분리하는 시스템을 구현한다면, 먼저 데이터베이스를 구축하고 그것에 라벨을 붙이고, 구축하는 알고리즘에 어떤 영상이 옷이며 어떤 영상이 신발인지를 알려주어야 한다. 이를 위하여 데이터를 바탕으로 알고리즘은 어떻게 옷과 신발을 식별하는지에 대하여 학습되어야 한다. 왜냐하면 임의의 영상이 입력되었을 때, 그것이 어느 영상에 속한 것인지를 인식할 수 있도록 하기 위해서이다.

비지도학습(unsupervised learning)은 앞에서 언급한 지도학습과는 반대이다. 즉 분류된 표본이 필요 없다. 예를 들면 다수의 영상이 있고, 그것을 3개의 그룹으로 분류하기를 원한다고 하자. 그런데 기준(criteria)이 무엇이 될지 모른다. 그래서 비지도학습 알고리즘은 주어진 데이터 집합을 가능한 최고의 방법으로 3개의 그룹으로 분류하려고 시도한다. 이것에 대해서 이렇게 논하는 이유는 객체인식 시스템을 구축하는데 있어 지도학습과 비지도학습을 조합하여 사용할 것이기 때문이다.

● SVM (Support Vector Machines)

SVM은 기계학습 분야에서 매우 인기 있는 지도학습 모델이다. SVM는 분류된 표본을 분석하거나 패턴을 검출하는데 매우 좋기 때문이다. 다수의 영상과 그것과 관계된 레이블이 주어졌을 때, SVM는 가능한 최고의 방법으로 초평면(hyperplanes)을 분리한다. 초평면에 대해서 아래의 그림을 통하여 이해하여 보자.

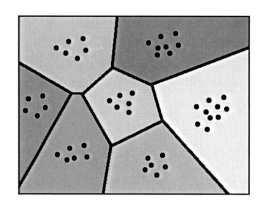

보는 바와 같이 포인트들은 포인트들로부터 같은 거리에 있는 직선 경계에 의하여 분리되어 있다. 이것은 2차원에서는 쉽게 그려진다. 만약 3차원이라면 면(planes)이 분리자(separators)가 된다. 영상에서 특징을 구성할 때는 특징 벡터의 길이는 일반적으로 6자리 범위이다. 그래서 이렇게 높은 차원에서는 여러 선들(lines)에 대응되는 것이 초평면이 된다. 초평면이 공식화되면, 이 수학적 모델은 미지의 데이터를 분류하는데 사용된다.

데이터를 단순 직선으로 분리할 수 없는 경우

여기에 SVM에서 사용하는 커널 트릭 기법(kernel trick)이 있는데 다음의 영상을 보자.

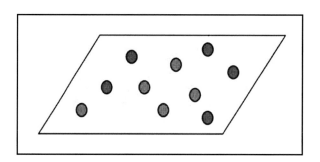

보는 바와 같이 파란 포인트에서 빨강 포인트를 분리하는 단순 직선을 그릴 수 없다. 곡선을 이용하여 포인트를 분리할 수 있겠지만 그것은 엄청나게 비싼 값을 지불해야 한다. SVM은 직선으로 분리될 때 성능이 좋다. 그리고 SVM은 높은 차원에서 직선을 그릴 수 있도록 해주는 좋은 점이 있다. 그렇기 때문에 기술적으로 포인트를 단순한 초평면로 분리할 수 있는 높은 차원으로 투영하면, SVM은 정확한 경계를 가질 수 있다. 그리고 이 경계에 대하여 투영을

하여 본래의 공간으로 되돌아 갈 수 있다. 원래의 낮은 차원 공간에서 초평면의 투영은 다음 그림과 같이 곡선과 같이 보인다.

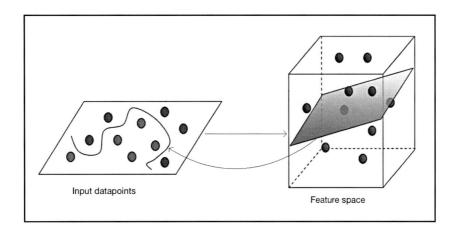

SVM의 주제는 매우 깊기 때문에 여기에서 자세히 논할 수 없다. 이것에 대한 관심이 있는 경우는 온라인과 투토리얼(simple tutorial)을 통하여 더 자세히 살펴보기 바란다.

또한 OpenCV 공식 문서에는 이해를 돕기 위한 몇 가지 예제가 들어 있다: `https://docs.opencv.org/3.0-beta/modules/ml/doc/support_vector_machines.html`.

● 객체인식 시스템 구현

지금까지는 객체인식 시스템을 구현하기 위한 배경을 살펴보았다. 지금부터는 주어진 영상에 포함된 것이 옷, 신발, 가방 인지를 인식할 수 있는 객체 인식기를 만들어보자. 이것은 많은 아이템(items)을 검출하는 시스템으로 쉽게 확장할 수 있다. 세 가지의 잘 구분되는 아이템을 가지고 시작한다.

먼저 훈련에 필요한 영상들이 있어야 한다. 온라인 상에는 이미 영상들을 여러 그룹으로 분류한 많은 유용한 데이터베이스가 있다. 여기서는 객체인식에 사용되는 가장 인기 있는 데이터베이스 중 하나인 Caltech256을 사용한다. 다음의 사이트에서 다운로드 받을 수 있다 (`http://www.vision.caltech.edu/Image_Datasets/Caltech256`). `images` 폴더(folder)를 만들고, 그 아래에 `dress`, `footwear` 그리고 `bag`이라는 서브폴더를 만든다. 각각의 서브폴더에 20개의 해당 영상을 추가한다. 인터넷으로 이들 영상을 다운받고 영상의 배경이 없는 것인지 확인한다. 아래는 옷 영상의 예이다.

다음은 신발 영상의 예이다.

다음은 가방 영상의 예이다.

이렇게 60개의 훈련 영상을 확보하였다. 참고로 객체인식 시스템은 실세계에서 좋은 성능을 얻기 위해서는 사실 수만 개의 훈련 영상이 필요하다. 그러나 여기서는 3 종류의 객체를 검출하는 객체 인식기를 만들기 때문에 각 객체 당 단지 20개의 훈련 영상만을 사용한다. 만약 훈련 영상을 추가한다면 시스템의 정확도와 견고성이 높아질 것이다.

첫 번째 단계로 아래 코드를 이용하여 모든 훈련 영상으로부터 특징 벡터를 추출하고, 코드북(codebook)으로 알려진 시각 사전을 구축한다.

먼저, 이전의 DenseDetector 클래스와 SIFT 특징 탐지자를 재사용하자.

```
class SIFTExtractor():
    def __init__(self):
        self.extractor = cv2.xfeatures2d.SIFT_create()

    def compute(self, image, kps):
        if image is None:
            print "Not a valid image"
            raise TypeError
```

```
        gray_image = cv2.cvtColor(image, cv2.COLOR_BGR2GRAY)
        kps, des = self.extractor.detectAndCompute(gray_image, None)
        return kps, des
```

다음, Quantizer 클래스는 벡터 양자화를 계산하고 특징 벡터를 만든다.

```
from sklearn.cluster import KMeans

# Vector quantization
class Quantizer(object):
    def __init__(self, num_clusters=32):
        self.num_dims = 128
        self.extractor = SIFTExtractor()
        self.num_clusters = num_clusters
        self.num_retries = 10

    def quantize(self, datapoints):
        # Create KMeans object
        kmeans = KMeans(self.num_clusters,
                        n_init=max(self.num_retries, 1),
                        max_iter=10, tol=1.0)

        # Run KMeans on the datapoints
        res = kmeans.fit(datapoints)

        # Extract the centroids of those clusters
        centroids = res.cluster_centers_

        return kmeans, centroids

    def normalize(self, input_data):
        sum_input = np.sum(input_data)
        if sum_input > 0:
            return input_data / sum_input
        else:
            return input_data

    # Extract feature vector from the image
```

```
def get_feature_vector(self, img, kmeans, centroids):
    kps = DenseDetector().detect(img)
    kps, fvs = self.extractor.compute(img, kps)
    labels = kmeans.predict(fvs)
    fv = np.zeros(self.num_clusters)

    for i, item in enumerate(fvs):
        fv[labels[i]] += 1

    fv_image = np.reshape(fv, ((1, fv.shape[0])))
    return self.normalize(fv_image)
```

이전에 구현한 것을 재사용한다. 또 요구되는 클래스는 FeatureExtractor 클래스이다. 이것은 각 영상들의 중심(centriod)을 추출하도록 되어있다.

```
class FeatureExtractor(object):
    def extract_image_features(self, img):
        # Dense feature detector
        kps = DenseDetector().detect(img)

        # SIFT feature extractor
        kps, fvs = SIFTExtractor().compute(img, kps)

        return fvs

    # Extract the centroids from the feature points
    def get_centroids(self, input_map, num_samples_to_fit=10):
        kps_all = []

        count = 0
        cur_label = ''
        for item in input_map:
            if count >= num_samples_to_fit:
                if cur_label != item['label']:
                    count = 0
                else:
                    continue
```

```
                count += 1

                if count == num_samples_to_fit:
                    print("Built centroids for", item['label'])
                cur_label = item['label']
                img = cv2.imread(item['image'])
                img = resize_to_size(img, 150)

                num_dims = 128
                fvs = self.extract_image_features(img)
                kps_all.extend(fvs)

        kmeans, centroids = Quantizer().quantize(kps_all)
        return kmeans, centroids

    def get_feature_vector(self, img, kmeans, centroids):
        return Quantizer().get_feature_vector(img, kmeans, centroids)
```

다음의 스크립트는 영상들을 분류하기 위한 특징 사전을 제공한다.

```
#########################
# create_features.py
#########################

import os
import sys
import argparse
import json

import cv2
import numpy as np

import cPickle as pickle
# In case of Python 2.7 use:
# import cPickle as pickle

def build_arg_parser():
    parser = argparse.ArgumentParser(description='Creates features for
```

```python
given images')
    parser.add_argument("--samples", dest="cls", nargs="+",
action="append", required=True,\
        help="Folders containing the training images.\nThe first element
needs to be the class label.")
    parser.add_argument("--codebook-file", dest='codebook_file',
required=True,
        help="Base file name to store the codebook")
    parser.add_argument("--feature-map-file", dest='feature_map_file',
required=True,\
        help="Base file name to store the feature map")

    return parser

# Loading the images from the input folder
def load_input_map(label, input_folder):
    combined_data = []

    if not os.path.isdir(input_folder):
        raise IOError("The folder " + input_folder + " doesn't exist")

    # Parse the input folder and assign the labels
    for root, dirs, files in os.walk(input_folder):
        for filename in (x for x in files if x.endswith('.jpg')):
            combined_data.append({'label': label, 'image':
              os.path.join(root, filename)})

    return combined_data

def extract_feature_map(input_map, kmeans, centroids):
    feature_map = []

    for item in input_map:
        temp_dict = {}
        temp_dict['label'] = item['label']

        print("Extracting features for", item['image'])
```

```python
        img = cv2.imread(item['image'])
        img = resize_to_size(img, 150)

        temp_dict['feature_vector'] = \
FeatureExtractor().get_feature_vector(img, kmeans, centroids)

        if temp_dict['feature_vector'] is not None:
            feature_map.append(temp_dict)

    return feature_map

# Resize the shorter dimension to 'new_size'
# while maintaining the aspect ratio
def resize_to_size(input_image, new_size=150):
    h, w = input_image.shape[0], input_image.shape[1]
    ds_factor = new_size / float(h)

    if w < h:
        ds_factor = new_size / float(w)

    new_size = (int(w * ds_factor), int(h * ds_factor))
    return cv2.resize(input_image, new_size)

if __name__=='__main__':
    args = build_arg_parser().parse_args()
    input_map = []
    for cls in args.cls:
        assert len(cls) >= 2, "Format for classes is `<label> file`"
        label = cls[0]
        input_map += load_input_map(label, cls[1])

    # Building the codebook
    print("===== Building codebook =====")
    kmeans, centroids = FeatureExtractor().get_centroids(input_map)
    if args.codebook_file:
        with open(args.codebook_file, 'wb') as f:
            print('kmeans', kmeans)
```

```
                print('centroids', centroids)
                pickle.dump((kmeans, centroids), f)

    # Input data and labels
    print("===== Building feature map =====")
    feature_map = extract_feature_map(input_map, kmeans,
        centroids)
    if args.feature_map_file:
        with open(args.feature_map_file, 'wb') as f:
            pickle.dump(feature_map, f)
```

코드 들여다보기

첫 번째로 할 것은 중심(centroids)을 추출하는 것이다. 이것은 시각 사전을 구축하는 것이다. FeatureExtractor 클래스의 get_centroids 함수에 구현되어 있다. 키포인트로부터 추출된 영상 특징이 충분할 때까지 영상 특징을 계속해서 모아야 한다. 고밀도 검출기를 사용하기 때문에 10개의 영상이면 충분하다. 단지 10개의 영상을 사용하는 이유는 그것으로 충분히 많은 특징을 만들어내기 때문이다. 그 중심은 많은 특징 포인트를 추가하더라도 크게 바뀌지 않을 것이다.

중심을 추출하였다면 특징 추출의 다음 단계로 넘어갈 준비가 되었다. 추출된 중심 집합은 시각 사전이 된다. 이제 특징 추출을 위하여 extract_feature_map 함수를 이용하여 각 영상에서 라벨(가방, 옷, 신발)과 일치하는 특징 벡터를 추출한다. 이러한 맵핑은 분류기를 훈련하기 위해 필요하다. 그래서 라벨과 관련 있는 키 포인트 집합이 필요하다. 키 포인트는 라벨과 관련이 있어야 한다. 이를 위하여 하나의 영상에 대하여 특징 벡터를 추출한다. 그리고 특징 벡터를 해당 라벨과 관련시키자(가방, 옷, 신발).

Quantizer 클래스는 벡터 양자화를 달성하고, 특징 벡터를 구축하기 위하여 설계되었다. 영상으로부터 추출한 각각의 키포인트에 대해서 get_feature_vector 함수는 시각 사전에서 가장 근접한 시각 단어를 찾는다. 이렇게 함으로써 시각 사전에 기반을 둔 히스토그램을 구축할 수 있게 된다. 이제 각 영상은 시각 단어 집합으로부터의 조합을 나타내고, 이것을 **단어 주머니(Bag of Words)**이라 한다.

다음 단계는 이들 특징을 이용하여 분류기를 훈련하는 것이다. 아래 코드를 참고하도록 하자.

```python
from sklearn.multiclass import OneVsOneClassifier
from sklearn.svm import LinearSVC
from sklearn import preprocessing

# To train the classifier
class ClassifierTrainer(object):
    def __init__(self, X, label_words):
        # Encoding the labels (words to numbers)
        self.le = preprocessing.LabelEncoder()

        # Initialize One versus One Classifier using a linear kernel
        self.clf = OneVsOneClassifier(LinearSVC(random_state=0))

        y = self._encodeLabels(label_words)
        X = np.asarray(X)
        self.clf.fit(X, y)

    # Predict the output class for the input datapoint
    def _fit(self, X):
        X = np.asarray(X)
        return self.clf.predict(X)

    # Encode the labels (convert words to numbers)
    def _encodeLabels(self, labels_words):
        self.le.fit(labels_words)
        return np.array(self.le.transform(labels_words),
dtype=np.float32)

    # Classify the input datapoint
    def classify(self, X):
        labels_nums = self._fit(X)
        labels_words = self.le.inverse_transform([int(x) for x in
         labels_nums])
        return labels_words
```

이제, 이전의 특징 사전을 기반하여 SVM 파일을 생성하자.

```python
###############
# training.py
##############

import os
import sys
import argparse

import _pickle as pickle
import numpy as np

def build_arg_parser():
    parser = argparse.ArgumentParser(description='Trains the classifier
models')
    parser.add_argument("--feature-map-file", dest="feature_map_file",
required=True,\
        help="Input pickle file containing the feature map")
    parser.add_argument("--svm-file", dest="svm_file", required=False,\
        help="Output file where the pickled SVM model will be stored")
    return parser
if __name__=='__main__':
    args = build_arg_parser().parse_args()
    feature_map_file = args.feature_map_file
    svm_file = args.svm_file

    # Load the feature map
    with open(feature_map_file, 'rb') as f:
        feature_map = pickle.load(f)

    # Extract feature vectors and the labels
    labels_words = [x['label'] for x in feature_map]

    # Here, 0 refers to the first element in the
    # feature_map, and 1 refers to the second
    # element in the shape vector of that element
```

```
# (which gives us the size)
dim_size = feature_map[0]['feature_vector'].shape[1]

X = [np.reshape(x['feature_vector'], (dim_size,)) for x in feature_map]

# Train the SVM
svm = ClassifierTrainer(X, labels_words)
if args.svm_file:
    with open(args.svm_file, 'wb') as f:
        pickle.dump(svm, f)
```

우리가 바이너리 모드에서 읽기/쓰기를 하고 있다는 사실에 유의하라. 파일이 오픈될 때 rb 와 wb 모드의 사용이 그 이유이다.

트레이너(trainer) 구축

SVM 모델을 구축하기 위해 scikit-learn 모델과 scipy 수학최적화 툴을 사용한다. 아래와 같이 인스톨한다.

$ pip install scikit-learn scipy

라벨이 지정된 데이터를 OneVsOneClassifier 함수의 입력으로 사용한다. 입력 영상을 그 것과 연관된 라벨로 분류하는 classify 메소드가 있다.

세 가지 종류의 훈련 영상이 있는 images 폴더에 학습 모델(learning models)을 저장할 models 폴더를 만든다. 특징을 만들고, 분류기를 훈련하기 위하여 다음의 명령어를 실행한다.

$ python create_features.py --samples bag images/bag/ --samples dress images/dress/ --samples footwear images/footwear/ --codebook-file models/codebook.pkl --feature-map-file models/feature_map.pkl

$ python training.py --feature-map-file models/feature_map.pkl --svm-file models/svm.pkl

위와 같이 하면 분류기가 훈련되고, 입력 영상을 분류하고 내부 객체를 검출할 모듈이 필요하다. 아래의 코드를 실행하여 확인하자.

```
import create_features as cf
```

```
from training import ClassifierTrainer

# Classifying an image
class ImageClassifier(object):
    def __init__(self, svm_file, codebook_file):
        # Load the SVM classifier
        with open(svm_file, 'rb') as f:
            self.svm = pickle.load(f)

        # Load the codebook
        with open(codebook_file, 'rb') as f:
            self.kmeans, self.centroids = pickle.load(f)

        # Method to get the output image tag
        def getImageTag(self, img):
            # Resize the input image
            img = cf.resize_to_size(img)

            # Extract the feature vector
            feature_vector = cf.FeatureExtractor().get_feature_vector(img, self.kmeans, \
                    self.centroids)

            # Classify the feature vector and get the output tag
            image_tag = self.svm.classify(feature_vector)

            return image_tag
```

여기에 데이터를 분류하는 스크립트가 있다. 이것은 이전의 훈련과정에 근거하여 영상에 태그를 할 수 있다.

```
###############
# classify_data.py
###############
import os
import sys
import argparse
```

```python
import _pickle as pickle

import cv2
import numpy as np

def build_arg_parser():
    parser = argparse.ArgumentParser(description='Extracts features from
each line and classifies the data')
    parser.add_argument("--input-image", dest="input_image",
required=True,\
        help="Input image to be classified")
    parser.add_argument("--svm-file", dest="svm_file", required=True,\
        help="File containing the trained SVM model")
    parser.add_argument("--codebook-file", dest="codebook_file",
required=True,\
        help="File containing the codebook")
    return parser

if __name__=='__main__':
    args = build_arg_parser().parse_args()
    svm_file = args.svm_file
    codebook_file = args.codebook_file
    input_image = cv2.imread(args.input_image)

    tag = ImageClassifier(svm_file, codebook_file).getImageTag(input_image)
    print("Output class:", tag)
```

이제 모든 준비가 되었다. 입력 영상에서 특징 벡터를 추출하고, 그것을 입력 인수로 분류기에 사용하면 된다. 인터넷을 통하여 배경이 깨끗한 신발을 무작위로 다운받아, 아래의 new_image.jpg에 다운받은 신발 영상의 이름을 대체한 다음에 실행하여 보자.

> **$ python classify_data.py --input-image new_image.jpg --svm-file models/svm.pkl --codebook-file models/codebook.pkl**

이 기술을 시각 검색 엔진 구축에도 사용할 수 있다. 시각 검색 엔진은 입력 영상에 대하여 유사도가 비슷한 관련 많은 영상을 보여주는 것이다. 또한 객체 인식 프레임워크를 재사용하여 시각 검색 엔진을 구축할 수도 있다. 즉 입력 영상에서 특징 벡터를 추출하고, 훈련 데이터셋(dataset)의 모든 특징 벡터와 비교하여 유사도가 가장 높은 것을 결과로 보여주면 된다.

실세계에서는 엄청난 양의 영상을 다루어야 한다. 따라서 결과를 보여주기 전에 모든 개별 영상을 검색할 수 없다. 이러한 실세계에서 효과적이고 빠른 알고리즘이 많이 있다. 그 중에서 딥 러닝(deep learning)은 이쪽 분야에서 널리 사용되고 있고, 최근 수년간 아주 좋은 결과를 나타내고 있다. 이것은 기계학습의 한 가지로서 데이터의 최적화 표현(optimal representation)을 학습하는데 초점을 맞춤으로써 기계가 새로운 과업(new tasks)을 쉽게 배울 수 있게 해주었다. 보다 자세한 것을 배우기를 원한다면 다음의 사이트를 참고하기 바란다 (http://deeplearning.net).

요약

본 장에서 우리는 객체인식 시스템 구현에 대해서 배웠다. 객체검출과 객체인식의 차이에 대해서 자세히 토의하였다. 고밀도 특징 벡터, 시각 사전, 벡터 양자화 그리고 이것들을 이용하여 특징 벡터를 구현하는 방법에 대해서 배웠다. 지도학습과 비지도학습에 대해서 논하였다. SVM과 이것을 이용하여 분류기를 구축하는 방법에 대해서 이야기 하였다. 미지의 영상에서 객체를 인식하는 것과 이것을 시각 검색 엔진을 구현하는데 사용하는 방법에 대해서 배웠다.

다음 장에서는 증강현실(augmented reality)에 대해서 토론할 것이다. 이를 위해서 비디오에 있는 실세계 객체 위에 그래픽을 덮어 씌우는 멋진 응용 프로그램을 구현해 볼 것이다.

## Chapter 10

증강현실(AR)

10장에서 다루는 학습 내용

- 증강현실의 전제
- 자세 추정의 정의
- 평면 객체추적 방법
- 3D에서 2D로 좌표 매핑 방법
- 실시간 비디오에 그래픽 중첩 방법

소개

본 장에서 우리는 증강현실(augmented reality)과 그것을 이용한 멋진 애플리케이션을 구축하는 방법을 배울 것이다. 또한 자세 추정(pose estimation)과 평면 추적(plane tracking)에 대해서 논의할 것이다. 그리고 3D에서 2D로 좌표를 매핑하는 것과 라이브 비디오(live video) 위에 그래픽을 중첩하는 방법을 배울 것이다.

증강현실의 전제

재미있는 이야기로 들어가기 전에 증강현실(augmented reality)의 의미에 대해서 이해해야 한다. 아마도 "증강현실"이라는 용어가 다양한 문맥에서 사용되는 것을 보았을 것이다. 그래서 증강현실을 자세히 구현하는 것에 대하여 논하기 전에 증강현실의 전제에 대해서 이해를 해야 한다. 증강현실은 컴퓨터에 의해서 만들어지는 문자, 그래픽, 소리, 영상 등을 실세계 위에 중첩하는 것과 관계가 있다.

증강현실은 사람들이 보고 느끼는 것을 개선하고, 정보들을 병합하므로 실세계와 컴퓨터에 의해 생성된 것들 사이의 경계를 허문다. 이것은 실제로 컴퓨터에 의하여 현실에 대한 인간의 관점을 수정하는 매개된 현실(mediated reality)이라는 개념과 매우 관련이 있다. 그 결과, 이 기술은 현실에 대한 사람의 현재 인식을 강화하는 것으로 작동한다. 지금은 사용자에게 자연스럽게 보이도록 만드는 것이 큰 도전이다. 단순히 입력 비디오 위에 어떤 것을 중첩하는 것은 쉽지만, 비디오의 일부처럼 그것을 보이도록 만들어야 한다. 사용자로 하여금 컴퓨터에 의해서 생성된 것이 실세계의 한 부분으로 느껴지게 해야 한다. 이것이 증강현실 시스템을 구현할 때 달성하고자 하는 것이다.

이 장에서 살펴볼 컴퓨터비전 연구는 실세계를 인식하는 부분을 개선하기 위해서 라이브 비디오에 컴퓨터가 생성한 영상을 어떻게 적용하는 지를 살펴보는 것이다. 증강현실 기술은 그 응용 분야가 매우 넓은데 머리에 장착하는 디스플레이, 자동차, 데이터 시각화(data visualization), 게임, 건설 등을 포함하여 다양한 애플리케이션을 포함하지만 이에 국한되지 않는다. 현재는 높은 성능의 스마트폰과 더 지능화된 기계들로 인해 고성능의 증강현실 애플리케이션을 쉽게 구현할 수 있다.

증강현실 시스템

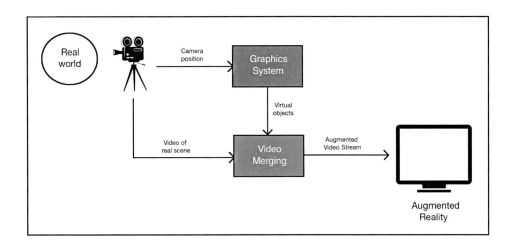

앞의 그림에서 보는 바와 같이 카메라는 실세계 비디오를 획득하여 참고 포인트(reference point)를 얻는다. 그래픽스 시스템은 비디오 위에 겹쳐놓을 가상의 객체를 생성한다. 그리고 비디오 병합 블록(merging block)은 모든 마법이 일어나는 곳이다. 이 블록은 가능한 최고의 방법으로 실세계에 가상의 객체를 중첩하는 방법을 이해할 만큼 충분히 스마트한 것이 되어야 한다.

증강현실을 위한 기하학 변환

증강현실의 결과는 놀랍지만 수학적으로 해결해야 할 것이 많다. 증강현실은 모든 것들이 자연스럽게 보이도록 하기 위해 많은 기하학적 변환과 관련성 있는 수학 함수를 사용한다. 라이브 비디오를 사용하여 증강현실을 만들 때는 실세계 위에 가상의 객체를 정확하게 나타내어야 한다. 이것에 대해서 조금 더 잘 이해하기 위해 이것을 두 대의 카메라를 정렬하는 것으로 생각하면 된다. 먼저는 우리가 바라보는 실세계를 획득하는 실제 카메라와 컴퓨터에 의하여 생성되는 그래픽 객체를 투영하는 가상의 카메라이다.

증강현실 시스템을 구현하기 위하여 다음의 기하학 변환 구축이 필요하다.

- **객체 → 장면**: 이 변환은 가상 객체의 3D 좌표 변환과 가상 객체를 실세계 장면의 프레

임 좌표에 나타내는 것과 관련이 있다. 이것은 가상 객체를 바른 위치에 배치할 수 있도록 한다.

- **장면 → 카메라**: 이 변환은 실세계에서 카메라의 자세(pose)와 관련이 있다. 자세는 카메라의 방향과 위치를 나타낸다. 가상 객체를 어떻게 덮어씌울지를 알기 위해서 카메라의 시점을 추정해야 한다.
- **카메라 → 영상**: 이것은 카메라의 매개변수 보정(parameter calibration)과 관련이 있다. 이것은 어떻게 3D 객체가 2D 영상 평면으로 투영되는지 정의하고, 마지막에 실제로 보게 될 영상이 된다. 다음의 영상을 보자.

영상에서 보는 바와 같이 자동차가 장면에 적절하게 되도록 시도되고 있지만, 매우 인위적으로 보인다. 올바른 방법으로 객체의 좌표를 전환시키지 않으면 비정상적으로 보인다. 이것이 앞에서 언급한 객체를 장면으로 변환하는 것이다. 가상 객체의 3D 좌표를 실세계의 프레임 좌표로 변환할 때 카메라의 자세에 대한 추정이 필요하다. 다음의 영상을 보자.

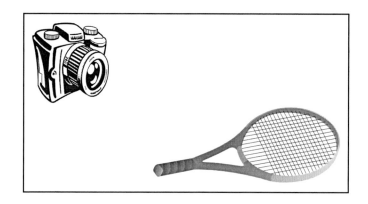

영상에서 보면 사용자가 보게 될 것을 위하여 카메라의 위치(position)와 회전(rotation)을 이해해야 한다. 카메라의 자세가 추정되면 3D 장면을 2D 영상으로 만들 준비가 된 것이다. 다음의 그림을 보자.

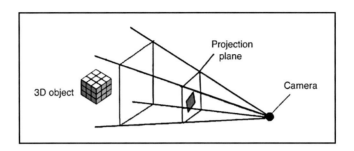

그림에서 보는 바와 같이 일련의 변환에 의하여 완벽한 시스템을 구축할 수 있다.

● 자세 추정

진행하기에 앞서 카메라 자세 추정을 어떻게 하는지 이해를 해야 한다. 이것은 증강현실에서 매우 중대한 단계로서 실험이 자연스럽게 되도록 하기 위해서는 이것을 바르게 하는 것이 필요하다. 증강현실의 세계에서는 실시간으로 객체 위에 그래픽을 덮어씌워야 한다. 이를 위해서 카메라의 위치와 방향을 알아야하고 그것을 신속하게 해야 한다. 그렇기 때문에 자세 추정이 매우 중요하다. 만약 신속하게 자세를 추적하지 못한다면, 덮어씌우는 그래픽은 자연스럽게 보이지 않을 것이다. 아래의 영상을 보자.

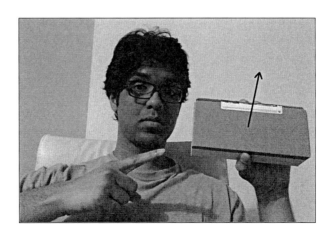

다음 영상에서 화살표는 객체의 면과 수직이라는 것을 나타낸다. 이제 객체의 방향이 위 영상과 비교하여 바뀌었다.

위치가 같다 하더라도 방향이 변경되었다. 덮어씌우는 그래픽을 자연스럽게 보이게 하기 위해서 이 정보가 필요하다. 그렇기 때문에 위치와 더불어 방향을 정렬시키는 것이 필요하다.

● 평면 객체 추적

자세 추정이 무엇인지 알아보았는데, 이제 평면 객체 추적에 그것을 어떻게 사용할 수 있는지 알아보자. 아래의 평면 객체를 보자.

이 영상에서 특징점을 추출한다면 다음과 같을 것이다.

다음은 카드 보드(cardboard)를 기울인 것이다.

보는 바와 같이 카드 보드는 영상에서 기울어 있다. 이제 이 표면 위에 가상의 객체를 덮어씌우려면 평면의 기울어짐에 대한 정보를 알아야 한다. 이를 위한 한 가지 방법은 이들 특징점에 대한 상대적인 위치를 이용하는 것이다. 영상에서 특징점을 추출하면 다음과 같을 것이다.

보는 바와 같이, 특징점들은 평면의 먼 쪽 끝부분에 있는 특징점들이 평면의 가까운 끝에 있는 특징점들 보다 수평적으로 더 가까이 있다.

따라서 이 정보를 영상에서 방향정보를 추출하는데 사용할 수 있다. 파노라마 영상과 더불어 기하학적 변환을 토의할 때 원근감 변환(perspective transformation)에 대하여 자세히 다

루었다. 이제 특징점의 두 집합을 사용하는 것과 호모그라피 행렬(homography matrix)을 추출하면 된다. 호모그라피 행렬은 카드 보드가 어떻게 바뀌었는지를 알려준다. 아래의 영상을 보자.

먼저, ROISelector 클래스를 사용하여 관심 영역을 선택하는 것으로 시작하고, 일단 그렇게하면, 좌표를 PoseEstimator로 전달한다.

```python
class ROISelector(object):
    def __init__(self, win_name, init_frame, callback_func):
        self.callback_func = callback_func
        self.selected_rect = None
        self.drag_start = None
        self.tracking_state = 0
        event_params = {"frame": init_frame}
        cv2.namedWindow(win_name)
        cv2.setMouseCallback(win_name, self.mouse_event, event_params)

    def mouse_event(self, event, x, y, flags, param):
        x, y = np.int16([x, y])

        # Detecting the mouse button down event
```

```python
            if event == cv2.EVENT_LBUTTONDOWN:
                self.drag_start = (x, y)
                self.tracking_state = 0
            if self.drag_start:
                if event == cv2.EVENT_MOUSEMOVE:
                    h, w = param["frame"].shape[:2]
                    xo, yo = self.drag_start
                    x0, y0 = np.maximum(0, np.minimum([xo, yo], [x, y]))
                    x1, y1 = np.minimum([w, h], np.maximum([xo, yo], [x, y]))
                    self.selected_rect = None

                    if x1-x0 > 0 and y1-y0 > 0:
                        self.selected_rect = (x0, y0, x1, y1)

                elif event == cv2.EVENT_LBUTTONUP:
                    self.drag_start = None
                    if self.selected_rect is not None:
                        self.callback_func(self.selected_rect)
                        self.selected_rect = None
                        self.tracking_state = 1

    def draw_rect(self, img, rect):
        if not rect: return False
        x_start, y_start, x_end, y_end = rect
        cv2.rectangle(img, (x_start, y_start), (x_end, y_end), (0, 255, 0),
2)
        return True
```

다음 영상은 관심 영역을 선택한 것이다.

그리고 이 관심 영역에서 특징점을 추출한다. 평면 객체를 추적할 때 알고리즘은 관심 영역이 평면이라고 가정한다. 이것은 명백하지만 좀 더 명쾌하게 언급하는 것이 좋다. 그래서 관심 영역을 선택할 때 손에 카드 보드가 있는지 확실하게 해준다. 카드 보드 위에서 특징점을 쉽게 검출하고 추적할 수 있도록 패턴과 두드러진 특징점을 많이 가지고 있으면 더 좋다.

PoseEstimator 클래스는 add_target() 메서드에서 관심 영역(ROI)을 받는다. 그리고 특징 점들을 추출할 것이고, 우리가 객체의 움직임을 추적할 수 있게 한다.

```
class PoseEstimator(object):
    def __init__(self):
        # Use locality sensitive hashing algorithm
        flann_params = dict(algorithm = 6, table_number = 6, key_size = 12,
multi_probe_level = 1)

        self.min_matches = 10
        self.cur_target = namedtuple('Current', 'image, rect, keypoints,
descriptors, data')
        self.tracked_target = namedtuple('Tracked', 'target, points_prev,
points_cur, H, quad')

        self.feature_detector = cv2.ORB_create()
        self.feature_detector.setMaxFeatures(1000)
        self.feature_matcher = cv2.FlannBasedMatcher(flann_params, {})
```

```python
        self.tracking_targets = []

    # Function to add a new target for tracking
    def add_target(self, image, rect, data=None):
        x_start, y_start, x_end, y_end = rect
        keypoints, descriptors = [], []
        for keypoint, descriptor in zip(*self.detect_features(image)):
            x, y = keypoint.pt
            if x_start <= x <= x_end and y_start <= y <= y_end:
                keypoints.append(keypoint)
                descriptors.append(descriptor)

        descriptors = np.array(descriptors, dtype='uint8')
        self.feature_matcher.add([descriptors])
        target = self.cur_target(image=image, rect=rect,
keypoints=keypoints, descriptors=descriptors, data=None)
        self.tracking_targets.append(target)

    # To get a list of detected objects
    def track_target(self, frame):
        self.cur_keypoints, self.cur_descriptors = \
self.detect_features(frame)

        if len(self.cur_keypoints) < self.min_matches: return []
        try: matches = self.feature_matcher.knnMatch(self.cur_descriptors,
k=2)
        except Exception as e:
            print('Invalid target, please select another with features to
extract')
            return []
        matches = [match[0] for match in matches if len(match) == 2 and
match[0].distance < match[1].distance * 0.75]
        if len(matches) < self.min_matches: return []

        matches_using_index = [[] for _ in
range(len(self.tracking_targets))]
        for match in matches:
```

```python
            matches_using_index[match.imgIdx].append(match)

        tracked = []
        for image_index, matches in enumerate(matches_using_index):
            if len(matches) < self.min_matches: continue

            target = self.tracking_targets[image_index]
            points_prev = [target.keypoints[m.trainIdx].pt for m in
matches]
            points_cur = [self.cur_keypoints[m.queryIdx].pt for m in
matches]
            points_prev, points_cur = np.float32((points_prev, points_cur))
            H, status = cv2.findHomography(points_prev, points_cur,
cv2.RANSAC, 3.0)
            status = status.ravel() != 0

            if status.sum() < self.min_matches: continue

            points_prev, points_cur = points_prev[status],
points_cur[status]

            x_start, y_start, x_end, y_end = target.rect
            quad = np.float32([[x_start, y_start], [x_end, y_start],
[x_end, y_end], [x_start, y_end]])
            quad = cv2.perspectiveTransform(quad.reshape(1, -1, 2),
H).reshape(-1, 2)
            track = self.tracked_target(target=target,
points_prev=points_prev, points_cur=points_cur, H=H, quad=quad)
            tracked.append(track)

        tracked.sort(key = lambda x: len(x.points_prev), reverse=True)
        return tracked

    # Detect features in the selected ROIs and return the keypoints and
descriptors
    def detect_features(self, frame):
        keypoints, descriptors =
```

```
self.feature_detector.detectAndCompute(frame, None)
        if descriptors is None: descriptors = []
        return keypoints, descriptors

    # Function to clear all the existing targets
    def clear_targets(self):
        self.feature_matcher.clear()
        self.tracking_targets = []
```

추적을 시작해보자. 어떤 일이 일어나는지 보기 위해 주변으로 카드 보드를 이동한다.

보는 바와 같이, 특징점이 관심 영역 안에서 추적된다. 카드 보드를 기우려 어떤 일이 발생하는지 보자.

특징점이 제대로 추적이 된다. 보는 바와 같이 겹쳐진 사각형이 카드 보드의 표면에 따라 방향이 바뀐다. 이것의 실행 코드가 아래에 있다.

```python
import sys
from collections import namedtuple

import cv2
import numpy as np

class VideoHandler(object):
    def __init__(self, capId, scaling_factor, win_name):
        self.cap = cv2.VideoCapture(capId)
        self.pose_tracker = PoseEstimator()
        self.win_name = win_name
        self.scaling_factor = scaling_factor

        ret, frame = self.cap.read()
        self.rect = None
        self.frame = cv2.resize(frame, None, fx=scaling_factor,
```

```python
                    fy=scaling_factor, interpolation=cv2.INTER_AREA)
        self.roi_selector = ROISelector(win_name, self.frame,
self.set_rect)

    def set_rect(self, rect):
        self.rect = rect
        self.pose_tracker.add_target(self.frame, rect)

    def start(self):
        paused = False
        while True:
            if not paused or self.frame is None:
                ret, frame = self.cap.read()
                scaling_factor = self.scaling_factor
                frame = cv2.resize(frame, None, fx=scaling_factor,
fy=scaling_factor, interpolation=cv2.INTER_AREA)
                if not ret: break
                self.frame = frame.copy()

            img = self.frame.copy()
            if not paused and self.rect is not None:
                tracked = self.pose_tracker.track_target(self.frame)
                for item in tracked:
                    cv2.polylines(img, [np.int32(item.quad)], True, (255,
255, 255), 2)
                    for (x, y) in np.int32(item.points_cur):
                        cv2.circle(img, (x, y), 2, (255, 255, 255))

            self.roi_selector.draw_rect(img, self.rect)
            cv2.imshow(self.win_name, img)
            ch = cv2.waitKey(1)
            if ch == ord(' '): paused = not paused
            if ch == ord('c'): self.pose_tracker.clear_targets()
            if ch == 27: break

if __name__ == '__main__':
    VideoHandler(0, 0.8, 'Tracker').start()
```

코드 내부 살펴보기

먼저 많은 힘든 작업을 수행하는 PoseEstimator 클래스를 가지고 시작하자. 영상에서 특징을 검출하기 위한 것과 연속적인 영상에서 특징점을 일치시킬 무언가가 필요하다. 그래서 ORB 특징 탐지기와 Flann 특징 매칭기를 사용한다. 보다시피 생성자에서 이러한 매개변수를 가지고 클래스를 초기화한다.

관심 영역을 선택할 때마다 add_target 메서드를 호출하여 추적대상 목록에 추가한다. 이 방법은 단지 관심 영역에서 특징점을 추출하고 클래스 변수 중 하나에 저장한다. 이제 추적대상에 대해서 추적할 준비가 되었다.

track_target 메서드는 모든 추적을 처리한다. 현재 프레임을 가지고 모든 키포인트를 추출한다. 그러나 비디오의 현재 프레임에 있는 모든 키포인트에 관심을 가지는 것은 아니다. 단지 대상 객체에 속한 키포인트만 있으면 된다. 현재의 프레임에서 가장 근접한 키포인트를 찾는 것이 해야 할 일이다.

이제 현재 프레임의 키포인트 집합을 가지고 있고, 이전 프레임에 있는 대상 객체로부터 다른 키포인트 집합을 가지고 있다. 다음 단계는 이렇게 일치하는 포인트에서 호모그라피 (homography) 행렬을 추출하는 것이다. 이 호모그라피 행렬은 중첩 사각형을 카드 보드 표면에 정렬하기 위하여 변형하는 방법을 알려준다. 모든 포인트의 새로운 좌표를 획득하기 위해 호모그라피 행렬을 중첩 사각형에 적용한다.

● 현실을 증강시키는 방법

평면 객체를 추적하는 방법을 알았으므로 실세계 위에 3D 객체를 중첩하는 방법을 살펴보자. 객체는 3D이지만 스크린의 비디오는 2D이다. 그래서 첫 번째 단계는 3D 객체를 현실적으로 보이도록 2D 평면으로 맵핑하는 방법을 이해해야 한다. 이것은 단지 3D 포인트를 평면의 표면으로 투영하면 된다.

3D에서 2D 좌표로 매핑

자세가 추정되면 3D에서 2D로 포인트를 투영한다. 다음의 영상을 보자.

여기서 볼 수 있듯이 TV 리모컨은 3D 객체지만 사람은 2D 평면에서 그것을 본다. 그것을 움직이면 아래와 같이 보인다.

이 3D 객체는 여전히 2D 평면에 있다. 객체가 다른 위치로 이동하면 카메라와의 거리도 함께 변경된다. 어떻게 이 좌표를 계산할 것인가? 이 3D 객체를 2D 표면으로 맵핑하는 메커니즘(mechanism)이 필요하다. 3D에서 2D로의 투영이 매우 중요하다.

먼저 초기 카메라 자세를 추정하는 것이 필요하다. 이제 카메라의 내장 파라미터(intrinsic parameters)를 이미 알고 있다고 가정하자. 그러면 OpenCV에서 solvePnP 함수를 사용하여 카메라의 자세 추정을 할 수 있다. 이 함수는 포인트 집합을 이용하여 객체의 자세를 추정하는데 사용된다. 보다 자세한 내용은 다음에서 읽을 수 있다. `http://docs.opencv.org/modules/calib3d/doc/camera_calibration_and_3d_reconstruction.html#bool`:

```
solvePnP(InputArray objectPoints, InputArray image Points, Input Array
cameraMatrix, InputArray distCoeffs, OutputArray rvec, OutputArray
tvec, bool useExtrinsicGuess, int flags)
```

이것을 수행할 때 이들 포인트를 2D로 투영해야 한다. OpenCV에서 projectPoints를 사용하여 할 수 있다. 이 함수는 3D 포인트를 2D 평면으로 투영을 계산한다.

3D 객체를 비디오에 중첩하기

이제 모든 다른 블록(blocks)을 가지고 있으므로 최종 시스템을 완성할 준비가 되었다. 아래와 같이 카드 보드 위에 파라미드를 중첩하여 보자.

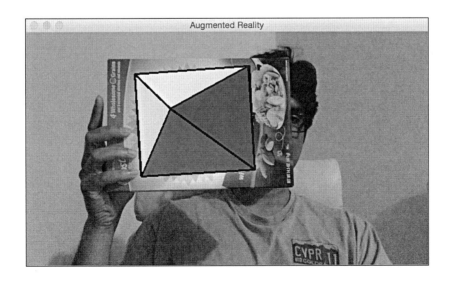

카드 보드를 기우려 어떻게 되는지 확인해 보자.

피라미드가 표면을 따라가는 것처럼 보인다. 두 번째의 대상을 추가해 보자.

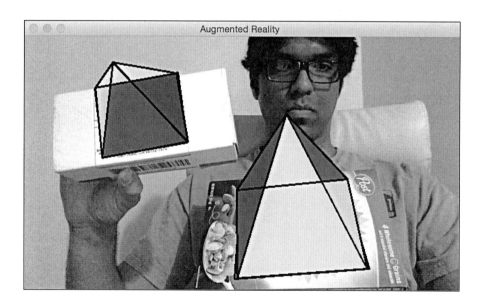

계속해서 더 많은 대상을 추가할 수 있고, 이들 모든 피라미드들은 추적이 잘 될 것이다. OpenCV Python을 이용하여 어떻게 이 작업이 수행되는지 살펴보자. 이전 파일을 pose_estimation.py으로 저장해야 하는데, 그 이유는 거기에서 두 개의 클래스를 불러올 것이기 때문이다.

```python
import cv2
import numpy as np

from pose_estimation import PoseEstimator, ROISelector

class Tracker(object):
    def __init__(self, capId, scaling_factor, win_name):
        self.cap = cv2.VideoCapture(capId)
        self.rect = None
        self.win_name = win_name
        self.scaling_factor = scaling_factor
        self.tracker = PoseEstimator()

        ret, frame = self.cap.read()
        self.rect = None
        self.frame = cv2.resize(frame, None, fx=scaling_factor,
fy=scaling_factor, interpolation=cv2.INTER_AREA)

        self.roi_selector = ROISelector(win_name, self.frame,
self.set_rect)
        self.overlay_vertices = np.float32([[0, 0, 0], [0, 1, 0], [1, 1,
0], [1, 0, 0], [0.5, 0.5, 4]])
        self.overlay_edges = [(0, 1), (1, 2), (2, 3), (3, 0), (0,4), (1,4),
(2,4), (3,4)]
        self.color_base = (0, 255, 0)
        self.color_lines = (0, 0, 0)

    def set_rect(self, rect):
        self.rect = rect
        self.tracker.add_target(self.frame, rect)

    def start(self):
```

```python
        paused = False
        while True:
            if not paused or self.frame is None:
                ret, frame = self.cap.read()
                scaling_factor = self.scaling_factor
                frame = cv2.resize(frame, None, fx=scaling_factor,
fy=scaling_factor,\
                    interpolation=cv2.INTER_AREA)
                if not ret: break

            self.frame = frame.copy()
        img = self.frame.copy()
        if not paused:
            tracked = self.tracker.track_target(self.frame)
            for item in tracked:
                cv2.polylines(img, [np.int32(item.quad)],
                 True, self.color_lines, 2)
                for (x, y) in np.int32(item.points_cur):
                    cv2.circle(img, (x, y), 2,
                     self.color_lines)

                self.overlay_graphics(img, item)

        self.roi_selector.draw_rect(img, self.rect)
        cv2.imshow(self.win_name, img)
        ch = cv2.waitKey(1)
        if ch == ord(' '): self.paused = not self.paused
        if ch == ord('c'): self.tracker.clear_targets()
        if ch == 27: break

    def overlay_graphics(self, img, tracked):
        x_start, y_start, x_end, y_end = tracked.target.rect
        quad_3d = np.float32([[x_start, y_start, 0], [x_end,
         y_start, 0],
                    [x_end, y_end, 0], [x_start, y_end, 0]])
        h, w = img.shape[:2]
```

```python
        K = np.float64([[w, 0, 0.5*(w-1)],
                        [0, w, 0.5*(h-1)],
                        [0, 0, 1.0]])
        dist_coef = np.zeros(4)
        ret, rvec, tvec = cv2.solvePnP(objectPoints=quad_3d,
imagePoints=tracked.quad,
                                        cameraMatrix=K,
distCoeffs=dist_coef)
        verts = self.overlay_vertices * \
            [(x_end-x_start), (y_end-y_start), -(x_end-x_start)*0.3] +
(x_start, y_start, 0)
        verts = cv2.projectPoints(verts, rvec, tvec, cameraMatrix=K,
distCoeffs=dist_coef)[0].reshape(-1, 2)

        verts_floor = np.int32(verts).reshape(-1,2)
        cv2.drawContours(img, contours=[verts_floor[:4]], contourIdx=-1,
color=self.color_base, thickness=-3)
        cv2.drawContours(img, contours=[np.vstack((verts_floor[:2],
verts_floor[4:5]))], contourIdx=-1, color=(0,255,0), thickness=-3)
        cv2.drawContours(img, contours=[np.vstack((verts_floor[1:3],
verts_floor[4:5]))], contourIdx=-1, color=(255,0,0), thickness=-3)
        cv2.drawContours(img, contours=[np.vstack((verts_floor[2:4],
verts_floor[4:5]))], contourIdx=-1, color=(0,0,150), thickness=-3)
        cv2.drawContours(img, contours=[np.vstack((verts_floor[3:4],
verts_floor[0:1], verts_floor[4:5]))], contourIdx=-1, color=(255,255,0),
thickness=-3)

        for i, j in self.overlay_edges:
            (x_start, y_start), (x_end, y_end) = verts[i], verts[j]
            cv2.line(img, (int(x_start), int(y_start)), (int(x_end),
int(y_end)), self.color_lines, 2)

if __name__ == '__main__':
    Tracker(0, 0.8, 'Augmented Reality').start()
```

코드 살펴보기

클래스 Tracker는 여기에서 모든 계산을 수행하는데 사용된다. 클래스는 에지(edges)와 꼭 지점(vertices)으로 정의된 피라미드 구조로 초기화된다. 평면을 추적하는데 사용하는 논리 (logic)는 앞에서 토의한 것과 동일하다. 왜냐하면 동일한 클래스를 사용하기 때문이다. 3D 피라미드를 2D 평면으로 맵핑하기 위해서 solvePnP와 projectPoints를 사용하면 된다.

● 약간의 움직임 추가

이제 가상 피라미드를 추가하는 방법을 알았으므로 약간의 움직임을 추가하여 보자. 피라미드의 높이를 어떻게 동적으로 바꿀 수 있는지 보자. 아래의 영상은 시작할 때의 피라미드가 중첩된 영상이다.

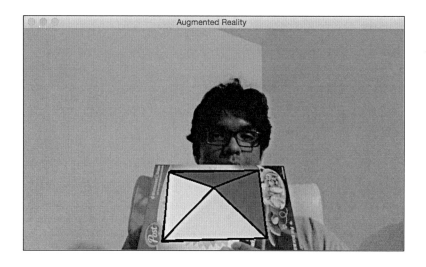

잠시 기다리면 피라미드가 커지고 다음과 같이 보인다.

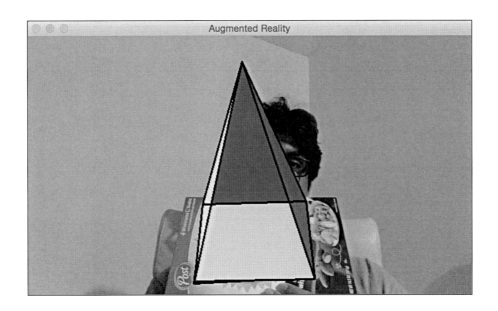

OpenCV Python에서 실행은 다음과 같다. 앞에서 토의한 증강현실 코드에서 클래스 Tracker
의 __init__ 메서드의 끝에 다음의 코드를 추가한다.

```
self.overlay_vertices = np.float32([[0, 0, 0], [0, 1, 0], [1, 1, 0], [1, 0,
0], [0.5, 0.5, 4]])
self.overlay_edges = [(0, 1), (1, 2), (2, 3), (3, 0),
          (0,4), (1,4), (2,4), (3,4)]
self.color_base = (0, 255, 0)
self.color_lines = (0, 0, 0)

self.graphics_counter = 0
self.time_counter = 0
```

이제 구조를 가지고 있으므로 동적으로 높이를 변경하는 코드를 추가한다. overlay_
graphics() 메서드를 다음의 메서드로 대체한다.

```
def overlay_graphics(self, img, tracked):
    x_start, y_start, x_end, y_end = tracked.target.rect
    quad_3d = np.float32([[x_start, y_start, 0], [x_end,
     y_start, 0],
            [x_end, y_end, 0], [x_start, y_end, 0]])
```

```python
        h, w = img.shape[:2]
        K = np.float64([[w, 0, 0.5*(w-1)],
                        [0, w, 0.5*(h-1)],
                        [0, 0, 1.0]])
        dist_coef = np.zeros(4)
        ret, rvec, tvec = cv2.solvePnP(objectPoints=quad_3d,
imagePoints=tracked.quad,
                                       cameraMatrix=K,
distCoeffs=dist_coef)
        verts = self.overlay_vertices * \
            [(x_end-x_start), (y_end-y_start), -(x_end-x_start)*0.3] +
(x_start, y_start, 0)
        verts = cv2.projectPoints(verts, rvec, tvec, cameraMatrix=K,
                                  distCoeffs=dist_coef)[0].reshape(-1, 2)

        verts_floor = np.int32(verts).reshape(-1,2)
        cv2.drawContours(img, contours=[verts_floor[:4]],
            contourIdx=-1, color=self.color_base, thickness=-3)
        cv2.drawContours(img, contours=[np.vstack((verts_floor[:2],
            verts_floor[4:5]))], contourIdx=-1, color=(0,255,0),
thickness=-3)
        cv2.drawContours(img, contours=[np.vstack((verts_floor[1:3],
            verts_floor[4:5]))], contourIdx=-1, color=(255,0,0),
thickness=-3)
        cv2.drawContours(img, contours=[np.vstack((verts_floor[2:4],
            verts_floor[4:5]))], contourIdx=-1, color=(0,0,150),
thickness=-3)
        cv2.drawContours(img, contours=[np.vstack((verts_floor[3:4],
            verts_floor[0:1], verts_floor[4:5]))], contourIdx=-1,
color=(255,255,0),thickness=-3)

        for i, j in self.overlay_edges:
            (x_start, y_start), (x_end, y_end) = verts[i], verts[j]
            cv2.line(img, (int(x_start), int(y_start)), (int(x_end),
int(y_end)),
                self.color_lines, 2)
```

이제 높이를 변경하는 방법을 알았으므로 피라미드를 춤추게 할 수 있다. 다음의 사진과 같이 피라미드의 끝을 주기적으로 진동시킬 수 있다.

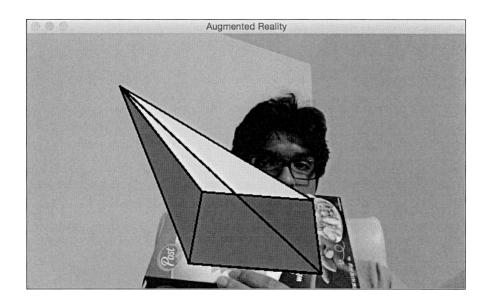

잠시 기다리면 다음과 같이 보일 것이다. 세부적인 구현은 augmented_reality_motion.py에서 확인할 수 있다.

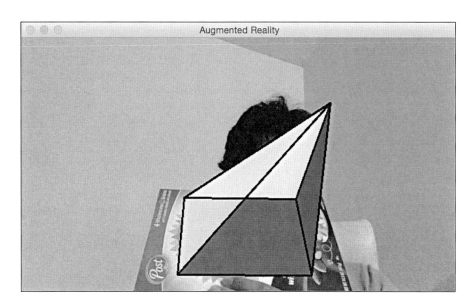

다음 실험에서 전체 피라미드를 관심 영역 주변으로 이동할 것이다. 원하는 어떤 방식으로든 그것을 움직일 수 있다. 선택한 관심 영역 주변에 선형 대각선 움직임을 추가한다. 시작하면 아래와 같다.

잠시 후 다음과 같이 보인다.

overlay_graphics() 메서드를 변경하여 어떻게 피라미드로 춤추게 하는지를 보려면 augmented_reality_dancing.py를 참고하면 된다. 피라미드를 관심 영역 주변으로 원을 그리며 움직이도록 할 수 있다. 시작하면 다음과 같이 표시된다.

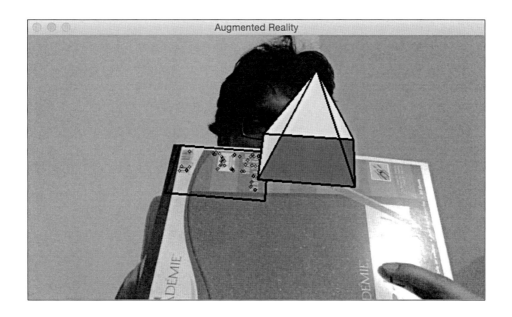

잠시 후 새로운 위치로 이동한다.

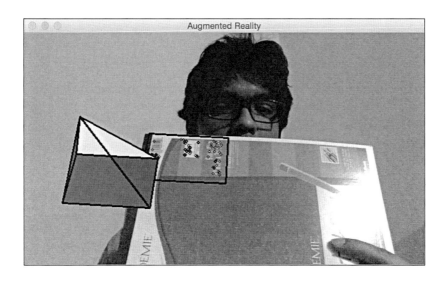

수행하는 방법을 알려면 augmented_reality_circular_motion.py를 참조하면 된다. 원하는 대로 할 수 있다. 올바른 수학 공식을 고안하면 피라미드가 문자 그대로 춤을 추게 된다. 또한 다른 가상 객체를 사용하여 해볼 수 있다. 다른 객체로 할 수 있는 것이 많이 있다. 이 예제들은 좋은 참고 자료이고, 그 위에 많은 흥미 있는 증강현실 애플리케이션을 구축할 수 있다.

요약

본 장에서 우리는 증강현실의 전제에 대해서 배웠고, 증강현실 시스템이 어떤 모습인지 이해하였다. 증강현실에 필요한 기하학 변환을 논의하였고, 이러한 변환을 이용하여 카메라 자세를 추정하는 방법을 배웠다. 평면 객체를 추적하는 방법을 배웠으며, 실세계 위에 가상 객체를 추가하는 방법에 대하여 논의하였다. 멋진 효과를 추가하기 위해 다양한 방법으로 가상 객체를 변경하는 방법을 배웠다. 컴퓨터비전의 세계는 끝이 없는 가능성으로 가득차 있다는 것을 기억하자.

다음 장에서는 인공신경망과 함께 기계학습 기술을 적용하는 방법을 배우게 될 것이다. 이것은 9장 객체인식에서 이미 습득한 지식을 높이는데 도움이 될 것이다.

## Chapter 11

기계학습과 인공신경망

11장에서 다루는 학습 내용

- 기계학습(machine learning, ML)과 인공신경망(artificial neural network, ANN)의 차이점
- 다중 레이어 퍼셉트론(multi-layer perceptrons, MLP) 네트워크
- MLP 네트워크를 정의하고 구현하는 방법
- ANN 평가와 개선 방법
- 훈련된 ANN을 사용하여 영상의 객체를 인식하는 방법

소개

이 장에서는 ANN을 구현하고 영상 분류 및 객체 인식을 수행하도록 ANN을 훈련하는 방법을 학습한다. ANN은 기계학습의 하위 집합 중 하나이다. 특히 패턴 인식 분야에서 가장 일반적 유형의 신경망인 MLP 네트워크에 대해 이야기 할 것이다.

● 기계학습(ML) 대 인공신경망(ANN)

앞서 언급했듯이 ANN은 ML의 하위 집합이다. ANN은 인간의 이해를 바탕으로 만들어졌다. 그것은 우리의 뇌가 하는 것처럼 작동하며, 서로 다른 상호 연결된 뉴런 층으로 이루어져 있다. 각각은 이전의 정보를 받아 처리하고, 최종 출력이 나올 때까지 다음 단계로 보낸다. 이 결과는 지도학습(supervised learning)의 경우, 레이블이 지정된 출력 또는 비지도학습(unsupervised learning)의 경우, 특정 기준과 일치 할 수 있다.

ANN의 특색은 무엇인가? 기계학습은 데이터 집합 내에서 패턴을 찾으려고 하는 컴퓨터 과학 분야로 정의된다. ANN은 인간의 두뇌가 어떻게 연결되어 있는지를 시뮬레이션 하는 방향으로 나아가며, 뉴런이라고 부르는 여러 레이어/노드들에 패턴 탐지를 분할한다.

한편, **서포트 벡터 머신(support vector machine, SVM)**과 같은 다른 기계학습 알고리즘이 더 많이 사용되고 객체 패턴인식 및 분류에서 자리를 잡았다. SVM은 기계학습 알고리즘에서 최고의 정확도를 자랑한다. ANN은 대부분의 모든 종류의 데이터 구조(SVM은 대개 기능 벡터를 사용)에서 패턴을 감지할 수 있는 더 많은 응용 세트를 보유하고 있다. ANN은 동일한 구현 내에서 다른 목표를 달성하기 위해 보다 매개 변수화 할 수 있다.

또한, ANN이 SVM과 같은 다른 ML 전략에 비해 또 다른 장점은 ANN이 다중 클래스 분류를 허용하는 확률 분류자이다. 이는 영상 내에서 하나 이상의 객체를 감지할 수 있음을 의미한다. 반대로 SVM은 비확률적인 이진 분류자이다.

ANN은 언제 유용할 수 있는가? 배낭과 신발을 인식하도록 훈련된 객체 인식기를 구현하고, 다음의 영상이 있다고 가정해 보자.

이 영상에 특징 검출기(feature detector)를 실행하여 다음과 같은 결과를 얻는다.

영상에서 볼 수 있듯이, 우리의 특징 검출기 알고리즘은 소녀의 배낭과 신발에서 특징 벡터를 획득한다. 따라서 9장의 객체인식에 있는 SVM 분류기를 실행하면, 선형 분류기로 구현되었기 때문에 이 영상에서 신발이 포함되어 있어도 배낭만 감지하게 된다.

 SVM도 **커널 트릭(kernel trick)**을 사용하여 비선형 분류를 수행하고, 입력을 고차원 형상 공간으로 암시적으로 매핑할 수 있다.

ANN은 어떻게 작동하나?

이 절에서는 ANN-MLP (multi-layer perceptrons)를 구성하는 요소를 살펴본다. 먼저, 입력, 출력 및 숨김(hidden)의 각 레이어와 정보가 어떻게 흐르는지를 기준으로 정규 ANN-MLP 모양을 다음과 같이 보인다.

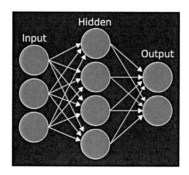

MLP 네트워크는 적어도 세 개의 레이어로 구성된다.

- **입력 레이어(Input layer)**: 모든 MLP에는 항상 이러한 계층이 있다. 입력 레이어는 수동 레이어(passive layer)로 데이터를 수정하지 않는다는 것을 의미한다. 그것은 외부 세계로부터 정보를 받아 네트워크로 보낸다. 이 층에 있는 노드(뉴런)의 수는 영상에서 추출하고자 하는 특징이나 설명 정보의 양에 따라 달라진다. 예를 들어, 특징 벡터를 사용하는 경우 벡터 내의 각 열에 대해 하나의 노드가 있게 된다.
- **숨김 레이어(Hidden layers)**: 이 레이어는 모든 기초 작업이 이루어지는 곳이다. 입력을 출력 레이어 또는 다른 숨겨진 레이어에서 사용할 수 있는 것으로 변환한다(둘 이상 있을 수 있음). 이 레이어는 수신된 입력 내에서 패턴을 감지하고 각 입력에 대한 가중치

를 평가하는 블랙박스로 작동한다. 그 동작은 활성화 함수에 의해 제공된 방정식에 의해 정의된다.

- **출력 레이어**(Output layer): 이 계층도 항상 존재하지만, 이 경우 노드 수는 선택한 신경망에 의해 정의된다. 이 레이어에는 세 개의 뉴런이 있을 수 있다. 출력 레이어는 단일 노드(선형 회귀)로 구축될 수 있다. 즉, 영상에 배낭이 있는지 여부를 알고 싶다. 그러나 다중 클래스 분류의 경우, 이 계층에는 객체별로 하나씩 여러 개의 노드가 포함된다. 각 노드는 기본적으로 [-1, 1] 범위의 값을 생성하여 객체가 있을 확률을 정의하고, 단일 입력 영상에서 다중 클래스 탐지를 허용한다.

입력, 숨김 및 출력을 사용하여 3 계층 신경망을 만들어 보고 싶다고 가정해 보겠다. 입력 레이어의 노드 수는 데이터의 차원에 따라 결정된다. 출력 레이어의 노드 수는 우리가 보유한 모델 수로 정의된다. 숨김 레이어의 경우, 노드 또는 레이어 수는 문제의 복잡성과 네트워크에 추가할 정확성에 따라 결정된다. 높은 차원성은 결과의 정확성을 향상시키지만 연산 비용도 증가시킨다. 숨김 레이어에 대해 수행해야 할 또 다른 결정은 활성화 함수를 사용하는 것으로, 제공된 데이터에 따라 비선형 가설에 적합하게 하고 더 나은 패턴 탐지를 얻을 수 있게 한다. 활성화 함수의 일반적인 선택은 시그모이드 함수(Sigmoid function)이다. 이 함수는 출력이 확률로 평가되는 경우에 기본적으로 사용되지만, **tanh** 또는 **ReLUs**와 같은 다른 옵션도 있다.

숨김 레이어가 있는 각 뉴런을 더 자세히 살펴보면, 모든 레이어가 비슷한 방식으로 동작한다고 말할 수 있다. 값은 이전 계층(입력 노드)에서 검색되고 특정 가중치(각 뉴런마다 개별)와 바이어스 항을 더한 값과 합산된다. 다음의 그림과 같이 네트워크에 따라 다를 수 있는 활성화 함수 f를 사용하여 합계가 전달된다.

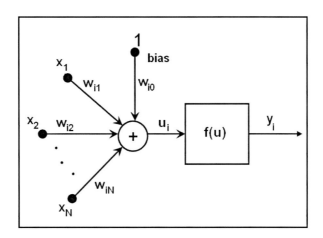

다중 레이어 퍼셉트론(MLP)을 정의하는 방법

MLP는 노이즈나 예기치 않은 환경에서 패턴을 식별할 수 있기 때문에 패턴인식에 널리 사용되는 ANN 중 하나이다. MLP는 지도 및 비지도학습을 구현하는데 사용할 수 있다(둘 다 9장의 객체인식에서 설명하였다). MLP는 또한 행동 심리학에서 영감을 얻은 강화학습(reinforcement learning)과 같은 또 다른 종류의 학습을 구현하는데 사용할 수 있다. 네트워크의 학습은 보상/처벌(reward/punishment) 동작을 사용하여 조정된다.

ANN-MLP를 정의하는 것은 네트를 구성할 레이어의 구조와 각 노드에 몇 개의 노드가 있을지 결정하는 것으로 구성된다. 첫째, 네트워크의 목표가 무엇인지 결정해야 한다. 예를 들어 객체 인식기를 구현할 수 있는데, 이 경우 출력 레이어에 속한 노드의 수는 식별하려는 다른 객체의 수와 같다. 9장의 객체인식에서 예제를 시뮬레이션하면, 핸드백, 신발, 드레스를 인식하는 경우, 출력 레이어는 세 개의 노드를 가지며, 그 값은 *[1,0,0]*, *[0,1,0]* 및 *[0,0,1]*과 같은 고정값 대신 확률의 튜플로 매핑된다. 따라서 동일한 영상에서 하나 이상의 클래스를 식별할 수 있다(예: 슬리퍼를 착용한 배낭을 멘 소녀).

네트워크의 출력을 결정한 후에는 인식할 각 객체의 의미 있는 정보를 네트워크에 입력하여 객체를 알 수 없는 영상에서 식별할 수 있도록 정의해야 한다. 영상의 특징 서술자로서 몇 가지 접근법이 있다. 영상의 국부적인 부분에서 그래디언트 방향의 발생을 계산하는 **오리엔트 그래디언트의 히스토그램**(Histogram of Orient Gradients, HOG)을 사용할 수 있다. 혹은 영상의 색상 분포를 나타내는 색상 막대그래프 또는 SIFT 또는 SURF 알고리즘을 사용하는 고밀도 특징 감지기를 사용하여 영상 특징을 추출할 수 있다. 입력 레이어에 삽입된 모든 영상에 대해 서술자의 수가 동일해야 하므로, SVM 인식기 사용을 위해 9장의 객체 인식에서 했던 것처럼 모든 단어 세트를 시각적 단어의 단일 히스토그램으로 모으는 BOW (Bag of Words) 전략을 사용한다. 막대그래프의 각 막대 값이 입력 레이어 내의 하나의 노드에 연결된다. 그 히스토그램은 다음과 같이 보인다.

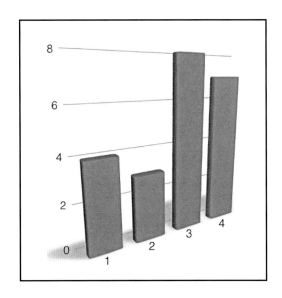

마침내 우리는 숨김(hidden) 레이어에 도달한다. 이 레이어에는 엄격하게 정의된 구조가 없으므로 복잡한 결정이 된다. 숨김 레이어의 수와 노드의 수를 결정하는 방법에 대한 다양한 연구자들 사이에서 큰 논의가 있다. 그들 모두는 성능과 정확성 간의 균형을 찾고 해결하기 위해 문제의 복잡성에 의존한다(더 많은 노드/레이어는 더 높은 정확도를 가지지만 성능은 떨어진다). 또한 많은 수의 노드로 인해 네트워크 성능이 저하되거나 정확도가 떨어질 수 있다. 단 3개의 모델을 가진 간단한 객체 인식기의 경우, 하나 이상의 숨김 레이어를 필요로 하지 않으며, 그리고 거기에 있는 노드의 수에 관해서, 한 예로서 다음과 같은 규칙을 설정하는 Heaton 연구(http://www.heatonresearch.com/2017/6/01/hidden-layers.html)가 있다.

- 숨겨진 뉴런의 수는 입력 레이어의 크기와 출력 레이어의 크기 사이여야 한다.
- 숨겨진 뉴런의 수는 입력 레이어의 크기의 2/3와 출력 레이어의 크기를 더한 값이다.
- 숨겨진 뉴런의 수는 입력 레이어 크기의 두 배보다 작아야 한다.

어떻게 ANN-MLP 분류자를 구현하나?

ANN을 구현하는 방법에 대한 이론적인 설명을 모두 마친 후에 그것을 구현할 것이다. 이를 위해 SVM 분류기에서 했던 것처럼 동일한 소스인 **Caltech256**, `http://www.vision.caltech.edu/Image_Datasets/Caltech256`에서 훈련용 영상을 다운로드한다. 드레스, 신발, 가방 등 우리가 분류할 각 카테고리에 대한 폴더를 생성한다. 우리는 그들 각각에 대해 많은 영상을 취하여 훈련용으로 약 20-25개의 영상을 사용하고, 훈련 후에 네트워크의 정확성을 평가하는데 사용할 샘플 영상 세트를 추가로 포함할 것이다.

앞에서 설명한 것처럼 **BOW**를 사용하여 각 영상에 대한 서술자의 수를 조정해야 한다. 이를 위해 먼저 각 영상 피드(image feed)의 키포인트에 대해 밀도가 높은 특징 감지기를 사용하여 각 영상의 특징 벡터를 추출한 다음, 벡터를 K-Means 클러스터링으로 전송하여 중심을 추출한다. 이는 결국 BOW를 얻는데 도움이 될 것이다.

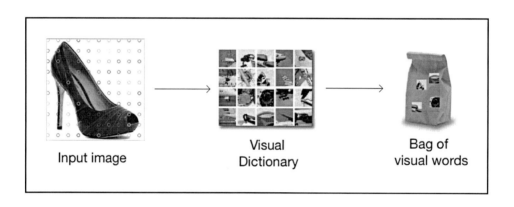

이전 영상에서 알 수 있듯이 SVM 분류기에서 구현한 것과 동일한 프로세스이다. 시간과 코드를 절약하기 위해 앞에서 만든 `create_features.py` 파일을 활용하여 MLP 네트워크의 입력으로 사용할 모든 특징 서술자를 추출한다.

다음의 명령을 실행하면 다음 단계에 필요한 모든 맵 파일을 가져온다.

```
$ python create_features.py --samples bag images/bagpack/ --samples dress
images/dress/ --samples footwear images/footwear/ --codebook-file
models/codebook.pkl --feature-map-file models/feature_map.pkl
```

`feature_map.pkl` 파일에는 훈련 단계에서 참여할 각 영상의 특징 벡터가 있다. 먼저,

ANN 분류자를 위한 클래스를 생성하고, 여기에서 네트워크 레이어의 크기를 설정한다.

```
from sklearn import preprocessing
import numpy as np
import cv2
import random

class ClassifierANN(object):
    def __init__(self, feature_vector_size, label_words):
        self.ann = cv2.ml.ANN_MLP_create()
        self.label_words = label_words
        # Number of centroids used to build the feature vectors
        input_size = feature_vector_size
        # Number of models to recongnize
        output_size = len(label_words)
        # Applying Heaton rules
        hidden_size = (input_size * (2/3)) + output_size
        nn_config = np.array([input_size, hidden_size, output_size],
dtype=np.uint8)
        self.ann.setLayerSizes(np.array(nn_config))
        # Symmetrical Sigmoid as activation function
        self.ann.setActivationFunction(cv2.ml.ANN_MLP_SIGMOID_SYM, 2, 1)
        # Map models as tuples of probabilities
        self.le = preprocessing.LabelBinarizer()
        self.le.fit(label_words) # Label words are ['dress', 'footwear',
'backpack']
```

출력으로, 우리는 이진수 [0,0,1], [0,1,0], [1,0,0]로 확률의 튜플을 구현하기로 결정하여, 다중 클래스 검색을 얻는 옵션을 목표로 삼았다. 활성화 함수인 대칭 시그모이드(activation function symmetrical Sigmoid, NN_MLP_SIGMOID_SYM)는 MLP의 기본 선택이며, 출력은 [−1, 1] 범위이다. 이 방법을 통해 네트워크에서 생성된 출력은 범주 결과 대신에 확률을 정의하여 동일한 샘플 영상에서 두 개 또는 세 개의 객체를 식별할 수 있다.

훈련 과정에서는 데이터 세트를 훈련 및 테스트의 두 가지 세트로 분리한다. 우리는 비율을 정해야 한다(대개 대부분의 예제는 훈련 세트로 75%를 사용하는 것이 좋지만 최상의 정확도가 확보될 때까지 조정할 수 있다). 바이어스(bias)을 피하기 위해서 항목의 선택을 무작위로 한다.

```
class ClassifierANN(object):
...

    def train(self, training_set):
        label_words = [ item['label'] for item in training_set]
        dim_size = training_set[0]['feature_vector'].shape[1]
        train_samples = np.asarray(
            [np.reshape(x['feature_vector'], (dim_size,)) for x in
training_set]
        )
        # Convert item labels into encoded binary tuples
        train_response = np.array(self.le.transform(label_words),
dtype=np.float32)
        self.ann.train(np.array(train_samples,
            dtype=np.float32),cv2.ml.ROW_SAMPLE,
            np.array(train_response, dtype=np.float32)
        )
```

이 경우, 우리는 입력 레이어에 대해 각 노드에 대해 동일한 가중치를 사용했지만(기본 동작) 더 중요한 정보가 있는 특징 벡터 열에 더 많은 가중치를 부여하도록 지정할 수 있다.

훈련된 네트워크 평가

훈련된 MLP 네트워크의 견고함과 정확성을 평가하기 위해 혼동 행렬(confusion matrix) 혹은 오류 행렬(error matrix)이라고도 하는 행렬을 계산한다. 이 행렬은 분류 모델의 성능을 나타낸다. 혼동 행렬의 각 행은 예측 클래스의 인스턴스를 나타내지만, 각 열은 실제 클래스의 인스턴스를 나타낸다(또는 그 반대). 행렬을 채우기 위해, 우리의 테스트 세트를 사용하여 이를 평가한다.

```
from collections import OrderedDict

def init_confusion_matrix(self, label_words):
    confusion_matrix = OrderedDict()
    for label in label_words:
        confusion_matrix[label] = OrderedDict()
        for label2 in label_words: confusion_matrix[label][label2] = 0
```

```
        return confusion_matrix


# Chooses the class with the greatest value, only one, in the
tuple(encoded_word)
def classify(self, encoded_word, threshold=0.5):
    models = self.le.inverse_transform(np.asarray([encoded_word]),
threshold)
    return models[0]


# Calculate the confusion matrix from given testing data set
def get_confusion_matrix(self, testing_set):
    label_words = [item['label'] for item in testing_set]
    dim_size = testing_set[0]['feature_vector'].shape[1]
    test_samples = np.asarray(
        [np.reshape(x['feature_vector'], (dim_size,)) for x in testing_set]
    )
    expected_outputs = np.array(self.le.transform(label_words),
dtype=np.float32)
    confusion_matrix = self._init_confusion_matrix(label_words)
    retval, test_outputs = self.ann.predict(test_samples)
    for expected_output, test_output in zip(expected_outputs,
test_outputs):
        expected_model = self.classify(expected_output)
        predicted_model = self.classify(test_output)
        confusion_matrix[expected_model][predicted_model] += 1
    return confusion_matrix
```

샘플 혼동 행렬로서 30개의 요소를 가지는 테스트 집합을 고려하면, 다음과 같은 결과를 얻을 수 있다.

	footwear	backpack	dress
footwear	8	2	0
backpack	2	7	1
dress	2	2	6

이전 행렬을 고려할 때, 다음 공식을 통해 훈련된 네트워크의 정확도를 계산할 수 있다.

$$ACC = \frac{TP+TN}{TP+TN+FP+FN}$$

이 공식에는 True Positive (TP), True Negative (TN), False Positives (FP) 및 False Negatives (FN)가 포함된다. 신발의 경우 정확도가 80%라고 말할 수 있다.

$$\frac{8+16}{8+16+4+2} = 0.8$$

앞의 수식에 대한 구현 코드는 다음과 같다.

```python
def calculate_accuracy(confusion_matrix):
    acc_models = OrderedDict()
    for model in confusion_matrix.keys():
        acc_models[model] = {'TP':0, 'TN':0, 'FP':0, 'FN': 0}
    for expected_model, predicted_models in confusion_matrix.items():
        for predicted_model, value in predicted_models.items():
            if predicted_model == expected_model:
                acc_models[expected_model]['TP'] += value
                acc_models[predicted_model]['TN'] += value
            else:
                acc_models[expected_model]['FN'] += value
                acc_models[predicted_model]['FP'] += value

    for model, rep in acc_models.items():
        acc =
(rep['TP']+rep['TN'])/(rep['TP']+rep['TN']+rep['FN']+rep['FP'])
        print('%s \t %f' % (model,acc))
```

이 절에서 모든 코드 블록을 모으기 위해, 이미 우리는 사용할 수 있는 ClassifierANN 클래스를 구현했다.

```python
###############
# training.py
```

```
###############

import pickle

def build_arg_parser():
    parser = argparse.ArgumentParser(description='Creates features for
given images')
    parser.add_argument("--feature-map-file", dest="feature_map_file",
required=True,
        help="Input pickle file containing the feature map")
    parser.add_argument("--training-set", dest="training_set",
required=True,
        help="Percentage taken for training. ie 0.75")
    parser.add_argument("--ann-file", dest="ann_file", required=False,
        help="Output file where ANN will be stored")
    parser.add_argument("--le-file", dest="le_file", required=False,
                        help="Output file where LabelEncoder class will be
stored")

if __name__ == '__main__':
    args = build_arg_parser().parse_args()

    # Load the Feature Map
    with open(args.feature_map_file, 'rb') as f:
        feature_map = pickle.load(f)

    training_set, testing_set = split_feature_map(feature_map,
float(args.training_set))
    label_words = np.unique([item['label'] for item in training_set])
    cnn = ClassifierANN(len(feature_map[0]['feature_vector'][0]),
label_words)
    cnn.train(training_set)
    print("===== Confusion Matrix =====")
    confusion_matrix = cnn.get_confusion_matrix(testing_set)
    print(confusion_matrix)
    print("===== ANN Accuracy =====")
    print_accuracy(confusion_matrix)
```

```
if 'ann_file' in args and 'le_file' in args:
    print("===== Saving ANN =====")
    with open(args.ann_file, 'wb') as f:
        cnn.ann.save(args.ann_file)
    with open(args.le_file, 'wb') as f:
        pickle.dump(cnn.le, f)
    print('Saved in: ', args.ann_file)
```

ANN_MLP 클래스는 자체 save 및 load 메소드를 가지고 있기 때문에 우리는 ANN을 두 개의 개별 파일에 저장했다. 우리는 네트워크를 훈련시키는데 사용되는 label_words를 저장해야 한다. 프로그램에서 피클(pickle)은 객체 구조를 직렬화 및 비직렬화하고 디스크에서 저장하고 로드하는 기능을 제공한다. 단, 자체 구현을 가지는 ann과 같은 구조는 예외이다.

모델 파일을 얻으려면 다음 명령을 실행하라. 혼동 행렬과 정확도 확률이 함께 표시된다.

```
$ python training.py --feature-map-file models/feature_map.pkl --trainingset
0.8 --ann-file models/ann.yaml --le-file models/le.pkl
```

 잘 훈련된 네트워크를 얻으려면 좋은 정확도 결과를 얻을 때까지 이전 명령을 원하는 만큼 반복할 수 있다. 이것은 훈련 및 테스트 세트가 무작위로 취해지기 때문에 발생한다. 그래서 더 나은 결과를 내는 그것을 유지해야 한다.

영상 분류

ANN 분류기를 구현하려면 FeatureExtractor 클래스의 메소드를 9장의 객체 인식의 create_feature.py 파일에서 재사용해야 한다. 이것은 우리가 평가하기를 원하는 영상으로부터 특징 벡터를 계산할 수 있게 해준다.

```
class FeatureExtractor(object):
    def get_feature_vector(self, img, kmeans, centroids):
        return Quantizer().get_feature_vector(img, kmeans, centroids)
```

create_feature 파일을 같은 폴더에 포함시키는 것을 고려하라. 이제 분류자를 구현할 준비가 되었다.

```
##############
# classify_data.py
##############

import argparse
import _pickle as pickle

import cv2
import numpy as np

import create_features as cf

# Classifying an image
class ImageClassifier(object):
    def __init__(self, ann_file, le_file, codebook_file):
        with open(ann_file, 'rb') as f:
            self.ann = cv2.ml.ANN_MLP_load(ann_file)
        with open(le_file, 'rb') as f:
            self.le = pickle.load(f)

        # Load the codebook
        with open(codebook_file, 'rb') as f:
            self.kmeans, self.centroids = pickle.load(f)

    def classify(self, encoded_word, threshold=None):
        models = self.le.inverse_transform(np.asarray(encoded_word),
threshold)
        return models[0]

    # Method to get the output image tag
    def getImageTag(self, img):
        # Resize the input image
        img = cf.resize_to_size(img)
        # Extract the feature vector
        feature_vector = cf.FeatureExtractor().get_feature_vector(img,
self.kmeans, self.centroids)
        # Classify the feature vector and get the output tag
```

```python
        retval, image_tag = self.ann.predict(feature_vector)
        return self.classify(image_tag)

def build_arg_parser():
    parser = argparse.ArgumentParser(
        description='Extracts features from each line and classifies the
data')
    parser.add_argument("--input-image", dest="input_image", required=True,
        help="Input image to be classified")
    parser.add_argument("--codebook-file", dest="codebook_file",
required=True,
        help="File containing the codebook")
    parser.add_argument("--ann-file", dest="ann_file", required=True,
        help="File containing trained ANN")
    parser.add_argument("--le-file", dest="le_file", required=True,
        help="File containing LabelEncoder class")
    return parser

if __name__=='__main__':
    args = build_arg_parser().parse_args()
    codebook_file = args.codebook_file
    input_image = cv2.imread(args.input_image)

    tag = ImageClassifier(args.ann_file, args.le_file,
codebook_file).getImageTag(input_image)
    print("Output class:", tag)
```

다음의 명령을 실행하여 영상을 분류한다.

```
$ python classify_data.py --codebook-file models/codebook.pkl --ann-file
models/ann.yaml --le-file models/le.pkl --input-image ./images/test.png
```

요약

본 장에서는 ANN의 개념을 학습했다. 또한 객체인식 분야에서 그 용도 중 하나는 MLP의 구현이라는 것을 알았다. 여기서는 SVM과 같은 다른 기계학습 전략에 비해 MLP의 장단점도 포함된다. ANN-MLP와 관련하여 어떤 계층이 구조를 형성하는지, 영상 분류자를 작성하기 위해 어떻게 정의하고 구현하는지, 그리고 MLP를 평가하고, 견고성 및 정확성을 훈련하는 방법을 배웠다. 마지막 절에서는 알 수 없는 영상에서 객체를 탐지하는 MLP의 예를 구현하였다.

컴퓨터비전의 세계는 끝없는 가능성으로 가득차 있다는 것을 기억하자! 이 책은 다양한 프로젝트를 시작하는데 필요한 기술을 가르쳐준다. 독특하고 흥미로운 것을 만들기 위해 여기에서 얻은 기술을 사용하는 것은 당신과 당신의 상상력에 달려 있다.

찾아보기(Index)

역자 소개

정성환

- 경북대학교 대학원 영상처리 전공(공학박사)
- 미국 캘리포니아 주립대학(UCSB) Post-Doc
- 미국 콜로라도 CSM 주립대학 교환교수
- 미국 워싱턴 주립대학(UW) 연구교수
- 독일 콘스탄츠대학(UK) 연구교수
- 정보처리 기술사/전자계산기 기술사/정보시스템감리사
- 한국전자통신연구소(현 ETRI), 응용 S/W 개발실 연구원
- 한국정보과학회 영남지부 지부장
- 한국컴퓨터범죄연구학회 부회장
- 한국멀티미디어학회 부회장
- 한국정보시스템감리사협회 부회장
- 국립 창원대학교 컴퓨터공학과 교수

[저서]

- 실용멀티미디어
- C를 이용한 영상처리의 이해와 활용
- Java를 이용한 디지털 영상처리
- MATLAB을 활용한 실용 디지털 영상처리
- 오픈소스 CxImage를 이용한 Visual C++ 디지털 영상처리
- 오픈소스 OpenCV를 이용한 컴퓨터 비전 실무 프로그래밍
- 오픈소스 GS를 이용한 디지털 영상처리 기본 프로그래밍
- OpenCV로 배우는 컴퓨터비전 및 응용
- OpenCV로 배우는 영상 처리 및 응용
- Python 예제로 배우는 OpenCV

조보호

- 창원대학교 컴퓨터공학과 공학박사
- 경남대, 문성대, 창신대, 창원대 강사
- 창원대학교 과학영재교육원 강사
- 창원대학교 산업기술연구원 전임연구원

[저서]

- Python 예제로 배우는 OpenCV

정가 27,000원

Python 예제로 배우는 OpenCV3.x

2018년 9월 10일 초판 인쇄
2018년 9월 20일 초판 발행
저 자 : Garrido · Joshi
역 자 : 정성환 · 조보호
발행자 : 우명찬 · 송 준
발행처 : 홍릉과학출판사
주 소 : 서울시 강북구 인수봉로 50길 10
　　　　0 1 0 9 3
등 록 : 1976년 10월 21일 제5-66호
전 화 : (02) 999-2274~5, 903-7037
팩 스 : (02) 905-6729
e-mail: hongpub@hongpub.co.kr
http://www.hongpub.co.kr
ISBN: 979-11-5600-607-7

역자와의
협의하에
인지생략